AF570411

SERF-ARBITRE ET JUSTIFICATION SELON MARTIN LUTHER

Religions et Spiritualité
fondée par Richard Moreau,
Professeur émérite à l'Université de Paris XII
dirigée par Gilles-Marie Moreau et André Thayse,
Professeur émérite à l'Université de Louvain

La collection *Religions et Spiritualité* rassemble divers types d'ouvrages : des études et des débats sur les grandes questions fondamentales qui se posent à l'homme, des biographies, des textes inédits ou des réimpressions de livres anciens ou méconnus.

La collection est ouverte à toutes les grandes religions et au dialogue inter-religieux.

Dernières parutions

Janine ELKOUBY, *Chroniques talmudiques au féminin,* 2017.
Francis WEILL, *Le Naufrage des religieux, de la sainteté au massacre*, 2017.
Pierre EGLOFF, *Pour des interpellations entre sciences et spiritualités, Aux frontières de l'Homme et de l'Univers*, 2016 .
Benedicte Bernard, *Laïcité française et sécularité chrétienne*, 2016
Robert W.JENSON, *Théologie Systématique, Volume 1, Le Dieu Trine*, 2016.
Daniel TRÉPIER, *La passion de la liturgie*, 2016.
Christian NGAZAIN NGELESA, *La nature humaine comme norme morale d'après Hans Urs von Balthasar*, 2016.
Albert SOUED, *Comprendre la Qabalah*, 2016.
Michèle JUIN, *Le Christianisme : une pensée puissante d'après Claude Tresmontant. Catéchèse en vue de la nouvelle évangélisation*, 2016.
Sylvain KIKWANGA, *La charité comme fondement du droit canonique*, 2016.
R. Alex. NEFF, *Evangéliques en réseaux, trajectoires identitaires entre la France et les États-Unis*, 2016.

Edouard de Ribaucourt

Serf-arbitre et justification selon Martin Luther

essai

5-7, rue de l'École-Polytechnique, 75005 Paris

http://www.editions-harmattan.fr

ISBN : 978-2-343-10642-7
EAN : 9782343106427

Ce qu'Il veut n'est pas droit parce qu'il doit
ou a dû le vouloir ainsi, au contraire
c'est parce que Lui-même veut qu'il en soit ainsi
que ce qui arrive ainsi doit être droit

Introduction

Lorsqu'en 1537 il fut proposé à Luther d'éditer l'ensemble de ses œuvres, il protesta et refusa tout d'abord, déclarant : *Je ne reconnais aucun de mes livres pour adéquat si ce n'est peut-être le De Servo Arbitrio et le Catéchisme*[1].

Il se laissa cependant convaincre puisque, dès 1539, parut une première édition globale de ses écrits et sermons, édition non encore complète cependant car il vécut jusqu'en 1546, mais qui comprend évidemment le Traité du serf arbitre de 1525. Luther n'a jamais démenti sa prédilection pour ce texte.

Or, si bien d'autres ouvrages du Réformateur ont fait l'objet de nombreuses études, analyses, commentaires, depuis le 16ème siècle jusqu'à nos jours, le Traité, en France, a certes été évoqué sous l'angle de sa confrontation polémique avec Erasme, mais sans déboucher sur un choix doctrinal déterminé. C'est le cas, notamment, de différentes publications au 19ème et début du 20ème siècle tels Teutsch : *La controverse entre Luther et Erasme sur le libre arbitre,* Strasbourg 1853 ; A. Meyer : *Études critiques sur les relations d'Erasme et de Luther,* Paris 1909 ; H. Humbertclaude : *Erasme et Luther*, Fribourg 1909 ; Gœrung : *La théologie d'après Erasme et Luther,* Paris 1913.

Ce n'est qu'en 1937, plus de quatre siècles après sa parution, que Denis de Rougemont publiait, avec

---

[1] Relevé par Denis de Rougemont dans l'Introduction à sa traduction (P.17), mais avec une erreur typographique de date : 1537 et non 1587.

commentaires, la première traduction complète en français du Traité avec annotations approbatives argumentées[2].

Deux ouvrages ont récemment, en France, commenté la polémique, ceux du père Georges Chantraine et de G. Lagarrigue que nous évoquons plus loin.

Les théologiens du XXème siècle, se réclamant de la *Nouvelle théologie* et voulant ainsi se démarquer des Réformateurs assimilés à l'ancienne théologie, auraient pu trouver là matière à une confrontation significative car le Traité groupe les éléments fondamentaux de la théologie luthérienne : gratuité du salut, nécessaire accomplissement de la volonté de Dieu bon et miséricordieux, récusation de la notion d'œuvres bonnes et de mérite, et aussi, par fréquentes allusions, doctrine des deux règnes.

Et pourtant, à lire, chez ces auteurs réputés – et généralement d'un riche savoir – leurs positions dans le débat relatif à la liberté, on constate que le Traité y est rarement désigné comme tel. Certains s'en inspirent sans le nommer, d'autres, s'ils y font parfois allusion, c'est furtivement, comme par concession, montrant qu'ils ne l'ignorent pas, mais sans critique ni approbation formelle. Ainsi, dans sa pourtant grosse étude *Ethique de la liberté,* J. Ellul ne fait jamais référence au Traité et s'il mentionne Luther (et ce en note de bas des pages 56 et 57 du tome II), c'est au regard seulement de *La liberté du chrétien*. P. Ricœur, comme on le verra (page 176), a recours à un escamotage pour s'abstenir de le commenter. Carl Braaten (voir plus loin) l'ignore complètement.

---

[2] Ed. Je sers.

C'est au point que, lorsqu'un auteur énonce les livres principaux de Luther propres à rendre compte de sa théologie, on voit citer différents textes selon les uns ou les autres, mais il est rare que le traité du Serf arbitre soit mentionné, malgré le rang que Luther lui-même lui assigne parmi ses livres et ceci jusque même au *Dictionnaire du protestantisme* qui, à la rubrique « liberté », sous la plume de Denis Müller, déclare : *Pour saisir la pensée de Luther nous nous limiterons au texte de 1520 intitulé Le traité de la liberté chrétienne, c'est un des plus célèbres et des influents. Il fait partie de ce qu'on appelle les trois grands écrits réformateurs de 1520 avec le Manifeste à la noblesse chrétienne de la nation allemande* et le *Prélude sur la captivité babylonienne de l'église.* Bien naïf subterfuge que de s'arrêter à 1520.

Il en était d'ailleurs de même chez les contemporains du Réformateur qui rend cet hommage à Erasme en sa Conclusion : *d'avoir été le seul de mes adversaires à saisir le vrai point de notre débat et de ne m'avoir pas fatigué par des discussions accessoires au sujet du pape, du purgatoire, des indulgences et autres farces semblables.*

Mais nous verrons que, si donc certains tenants de la *nouvelle théologie* s'efforcent d'éluder le Traité, Karl Barth, quant à lui, apporte au serf arbitre une complète approbation tout en le distinguant clairement du déterminisme ou encore que Dietrich Bonhoeffer, à la fin de sa carrière, confesse qu'il en a fait l'expérience en sa vie.

Certes, en une première approche, on peut trouver inquiétante la réfutation de toute faculté de l'homme d'accéder à la Grâce par ses propres forces, (alors que c'est à la base de la confession d'Augsbourg) lorsque ceci est poussé jusque dans ses ultimes conséquences, selon l'aphorisme d'Augustin cité et repris par Luther, lequel conclut, toujours à l'instar d'Augustin et aussi de Wiclif : *Tout arrive nécessairement.*

La crainte pastorale de provoquer, parmi les fidèles, le sentiment d'être dépossédé de soi-même et porté à adopter un comportement de passivité, de démission, a aussi son rôle dans cette réserve, illustrée dans l'Évangile même avec Jean 6,65 (reprenant Jean 6,44) : Après avoir observé que certains doutaient de sa parole, Jésus déclare : ***Voilà pourquoi je vous ai dit que nul ne peut venir à moi si cela ne lui a pas été donné par le Père,*** et l'évangéliste ajoute, tout de suite après, verset 66 : ***Dès ce moment plusieurs disciples se retirèrent et ils n'allaient plus avec lui.***

Sans doute aussi l'Église, tant catholique-romaine qu'issue de la Réforme, est soucieuse de son autorité à l'égard de ses fidèles et aussi de son influence sur le siècle, et s'emploie donc à relever la responsabilité personnelle de chacun au regard de ses actes pour être sujet aux sanctions, tant humaines que divines, s'il déroge à la règle.

Ce souci de l'autorité hiérarchique transparaît clairement dans les efforts déployés par Erasme pour asseoir son propos sur les *opinions des docteurs de l'église.* On doit cependant reconnaître que, bien que polémique, la thèse d'Erasme n'est pas d'un opportunisme de commande. L'Humaniste s'était déjà déclaré en faveur du libre arbitre dans ses écrits antérieurs relatifs à la patristique, où puisèrent d'ailleurs Melanchthon et Luther pour leur enseignement. Sa conviction est-elle cependant si ferme alors qu'il déclare (I A 9) *il est permis de dire la vérité, il n'est pas à propos de la dire devant n'importe qui, n'importe quand et n'importe comment ?* On peut de fait y voir un aval du serf arbitre, mais en tant qu'enseignement qu'il ne convient pas de propager auprès de tout un chacun.

Il s'avère donc que ce n'est pas tant à l'égard de la pertinence du Traité que s'explique cette discrétion de beaucoup de théologiens et ministres de conviction évangélique – qui autrement ne manqueraient pas de le contester – mais à cause de la perplexité qu'il entraîne quant à la manière de le vivre. Et pourtant, les tenants de la nouvelle théologie ont voulu, disent-ils, considérer l'Évangile selon une appréhension *existentielle.*

Relevons que ce Traité, loin d'entraîner la passivité chez son auteur, est celui d'un homme qui s'est notamment illustré par son intense activité, son intrépidité même. La vie de Luther est un combat continuel : contre lui-même et ses angoisses, contre le pape et l'empereur tout en s'efforçant d'éviter le schisme avec l'église instituée du moment, pour une fidèle compréhension et mise en pratique des Écritures bibliques, pour instruire, développer, fortifier la Communauté chrétienne, combattre ceux qui se réclamant de lui, dénaturaient sa théologie. Luther n'est pas concerné par Apo. 4, 16 : ***Parce que tu es tiède…, je te vomirai de ma bouche.***

C'est donc selon la portée du serf arbitre sur notre vie intérieure et notre relation avec le prochain que s'exercera notre réflexion, distinguant le Traité des doctrines fatidiques de l'Antiquité, ou encore du déterminisme matérialiste, car c'est sur la liberté que débouche le Traité du serf arbitre de Martin Luther, sur la liberté qui n'existe qu'en Christ.

I
LES TEXTES

Origine du Traité

Luther s'était déjà amplement exprimé à propos du Serf Arbitre dès son *Commentaire de l'épître aux Romains* de 1515 (G.P.3), puis dans sa *Controverse au sujet des forces de la volonté de l'homme sans la grâce* de 1516 (G.P. 10), en liaison avec la thèse de son élève Bernhardi, dans sa *Controverse sur la théologie scolastique* de 1517 (G.P. 125) qui contient presque tous les éléments fondamentaux du Traité ; en l'art. 13 de la *Controverse tenue à Heidelberg* en mai 1518 (G.P. 166) et en sa *Lettre au Pape Léon X*, également de 1518 (G.P. 203) qui est accompagnée de l'annexe *De la liberté du Chrétien* (G. P. 839) que nous évoquerons plus loin. Philippe Melanchthon avait pareillement traité du serf arbitre dans ses *Loci Théologici* de 1521.

Cette position fortement affirmée donc, jugée néfaste pour son autorité par le siège romain, amena celui-ci (appuyé par Henry VIII, se faisant, pour la circonstance, le champion de la Curie) à inviter Erasme, qui jouissait d'un grand prestige dans le monde cultivé, à en formuler une controverse. D'où le *De libero arbitrio diatribe sive collatio* publié en 1524.

Erasme, ayant au début de la carrière de Luther notoirement approuvé ses thèses réformatrices, doit, dans la Diatribe, déployer beaucoup d'habileté pour se démarquer de son adhésion première. Luther, cependant, déjà en 1517, prenait ses distances avec l'humaniste, confiant le 1er mars à Johannes Lang (G.P. 121) : *je crains qu'il ne mette pas suffisamment en valeur Christ et la grâce de*

Dieu... un homme n'est pas chrétien simplement parce qu'il est savant et qu'il sait le grec et l'hébreu : et quand Jérôme qui connaissait cinq langues n'égale pas Augustin qui n'en savait qu'une, Erasme est encore plus loin de l'égaler.

Composition du Traité

En réplique, le Réformateur publie donc à Wittenberg *De servo arbitrio* en latin et qui fut, en quelques semaines, traduit en allemand par Justus Jonas. Cette réponse ayant été publiée fin 1525, certains ont voulu prétendre que Luther aurait éprouvé quelque difficulté à la rédiger. Piètre argument. Luther était alors aux prises avec des tâches de la plus grande urgence : la révolte des paysans, la lutte contre les anabaptistes. Il écrivait le 28 septembre 1525 : *Je suis tout entier dans Érasme et le libre arbitre et je ferai en sorte de ne pas lui laisser un seul mot de juste comme il est vrai qu'il n'en a pas dit un seul*[3].

Il tint même à suivre le plan de la diatribe, à savoir :
. Lettre d'accompagnement formant Préface
. Introduction
. Réfutation des arguments d'Erasme en faveur du Libre Arbitre
. Réfutation des arguments d'Erasme contre le Serf Arbitre en deux volets
. Brève conclusion

Le Traité est rigoureux et fouillé dans ses différents développements. Il compte plus de 200 ou 300 pages selon ses éditions en français. Le résumé, que nous en proposons en annexe, ne prétend pas dispenser le lecteur de se

[3] M. Michelet : *Luther par lui-même,* Ed. Hachette, 1837.

reporter au texte intégral mais au contraire en faciliter l'accès. À cette fin, nous avons porté, au fil des paragraphes de notre résumé, la pagination correspondante du texte intégral dans la traduction de G. Lagarrigue publié par Gallimard. Nous nous sommes bien évidemment abstenu dans ce résumé de tout commentaire personnel. Résumer aussi la Diatribe nous a, par contre, semblé superflu car ses positions et arguments sont repris successivement par le Traité qui en suit le plan. De plus, nous relevons, dans ce résumé et aussi nos commentaires, le chiffrage original des paragraphes de la Diatribe lorsqu'ils sont évoqués, ce qui permettra de se reporter également à son texte tout entier.

Les textes consultables en français

Nous l'avons vu, c'est Denis de Rougemont qui a donné la première traduction en français du Traité en 1937 précédée d'une courte préface du professeur A. Jundt. Il indique avoir suivi le texte de l'édition de Weimar en latin *tout en gardant sous les yeux une version légèrement modernisée de Jonas pour s'inspirer de ses gloses, locutions proverbiales ou simplifications (...)* afin de *faciliter l'accès de l'ouvrage au lecteur d'aujourd'hui.* Il en résulte une rédaction qui est, à notre sens, la plus fluide et agréable à lire parmi les trois actuellement disponibles. Les commentaires du traducteur sont brefs mais concis. Il propose même à ce titre un dialogue qui fait penser au *De libero arbitrio* de L. Valla.

Dans la série des *Œuvres de Martin Luther* en parutions échelonnées, Labor et Fides propose avec le tome V de 1958 une traduction de Jean Carrère du Traité. Elle a été remarquée comme rendant compte de la vigueur de langage et même de la véhémence dont Luther sait souvent faire montre. Le traducteur a pris le soin de fournir, en marge de son texte, la pagination correspondante de la publication originale dans l'édition de Weimar.

Plus récemment (2001), Georges Lagarrigue a publié aux éditions Gallimard, dans la collection Folio, des versions en français du Traité (c'est cette traduction que nous avons tenté de résumer in fine) et de la Diatribe, en un même volume. Il fournit aussi, en marge la pagination de l'édition de Weimar à laquelle répond sa traduction pour le Traité. On y trouve, en ouverture, une analyse comparée des ouvrages antagonistes, plus développée que chez ses prédécesseurs, ainsi que des notes en fin de volume de très loin les plus riches des trois versions. Relevons pourtant que son analyse de l'affrontement en cause ne va pas jusqu'au cœur du débat, ne débouche pas, quant au Traité, sur une confrontation avec la *nécessité* : quoi en faire, comment la traiter, la gérer. Ce qu'on appelle le paradoxe ou aphorisme d'Augustin : *Dieu opère en nous les bonnes et les mauvaises choses ; ce sont ses bonnes œuvres qu'il rémunère en nous et ses mauvaises œuvres qu'il punit en nous (*GF 116), repris plusieurs fois par Luther[4] est cité dans son texte de présentation mais sans recherche de sa portée, de son incidence effective, sur nos vies. Il semble que G. Lagarrigue ait évité de s'engager sur cette voie et qu'il ait voulu garder sur l'enjeu un regard neutre. Ainsi, pour la Diatribe, déclare-t-il indispensable pour le lecteur de prendre connaissance des annotations du professeur André Godin dans l'ouvrage collectif *Erasme*[5].

---

[4] Jean Carrère n'emploie pas le verbe *opère* comme le fait Lagarrigue, mais dit que Dieu *détermine en nous,* Denis de Rougemont donne *produit en nous.*

[5] P. Laffond, Col. Bouquin 1992.

Mais on doit relever aussi que les deux autres traducteurs que nous mentionnons, qui eux, pourtant, apportent clairement leur approbation au Traité, s'abstiennent de faire mention de cet aphorisme d'Augustin. Il est trop retentissant pour que ce silence puisse être fortuit et cela témoigne de leur embarras à le commenter.

C'est aussi de la version de G. Lagarrigue que sont extraites toutes les citations du Traité comprises dans nos commentaires. Nous en donnons référence sous les initiales G.F. Les citations des œuvres de Luther, autres qu'issues du Traité, sont extraites de *Luther Œuvres* publié par Gallimard, en 1999, dans la collection de *La Pleïade* pour celles qui figurent dans ce premier tome (la suite en est annoncée) que nous localisons sous les initiales G.P. et de diverses publications plus anciennes pour les autres, dont celle de Labor et Fides signalée par L.F. J. Boisset a publié en 1962 un essai : *Erasme et Luther* aux Presses Universitaires.

L'ouvrage ci-dessus mentionné du père jésuite G. Chantraine, membre fondateur de l'*Erasmus of Rotterdam Society,* est une adaptation de sa thèse de doctorat de 1978, publiée en 1981 sous le titre *Erasme et Luther – Libre et serf arbitre*[6]. Bien que témoignant d'une riche culture théologique – et on ne peut à ce titre qu'en recommander la lecture – l'étude est essentiellement un travail de confrontation, qui ne s'attache pas non plus à la portée des choix doctrinaux, sur la vie intérieure et relationnelle des croyants.

Quant à la Diatribe, nous nous référons aussi à la traduction proposée par G. Lagarrigue dans le même

---

[6] P. Lethilleux et P.U.F. Namur.

volume que le Traité. Il nous faut cependant évoquer la première traduction qui en a été faite en français par P. Mesnard, en 1945,[7] à cause de l'Introduction historique et critique du traducteur. Une seule observation suffirait à la caractériser. Évoquant d'abord *l'aristocratie essentielle d*e l'œuvre d'Erasme, il classe ensuite Luther parmi *ces enfants qui ont honte de la pauvreté de leurs parents.* C'est d'une honteuse vilénie, à l'opposé de la vérité. Outre qu'on ne voit pas quelle peut être la relation entre *l'essence de l'aristocratie* et une juste compréhension de l'Évangile, Luther n'a jamais exprimé de honte à l'égard de ses parents mais leur a, au contraire, toujours témoigné, tant intimement que publiquement, grande affection et respect. Il écrivit notamment : *J'ai souvent conversé avec Melanchthon et lui ai raconté toute ma vie de point en point. Je suis fils d'un paysan, mon père, mon grand-père, mon aïeul étaient de vrais paysans. Mon père est allé à Mansfeld et y est devenu mineur.*

Dans une longue lettre datée *Du désert, le 21 novembre 1521* c'est à son père qu'il dédiait son Jugement sur les vœux monastiques (G.P. 883), lettre publiée avec le Jugement lui-même et commençant ainsi : *Je me suis proposé mon père bien aimé de te dédier ce livre.*

Il écrivit aussi dans une lettre circulaire à J. Ruel, J. Thür et K. Müller en juin 1525 :... *conformément aux vœux de mon cher père, je me suis marié... j'ai l'intention, mardi en huit, d'organiser une petite fête... s'il vous plaisait de venir et si vous pouviez le faire en même temps que mon cher père et ma chère mère, vous pouvez vous-même juger de quelle joie cela me remplirait.* Au décès de son père il écrivit à Melanchthon : *C'est pour moi un devoir de piété*

[7] Ed. Chaix. Alger.

de pleurer celui duquel le Père de miséricorde m'a fait naître, celui par les travaux et les sueurs duquel Dieu m'a nourri et m'a formé tel que je suis, quelque peu que je sois. Ceci donne la mesure de l'honnêteté du commentateur.

Nous avons déjà mentionné ci-dessus, parmi les traductions de la Diatribe, celle du Professeur André Godin dans l'ouvrage collectif *Erasme*.

II
TIÉDEUR ET LAXISME D'ÉRASME

Dans son argumentation

Erasme lui ayant reproché l'assurance obstinée de son propos, Luther dès l'entame de sa réponse, au tout début de son introduction, revendique avec force l'exigence de sa conviction. Il y oppose le goût d'Erasme pour les *solutions moyennes*, son *souci de tranquillité*.

Érasme déclare de prime abord qu'il s'en *remet aux ordonnances de l'église* (qu'il) *comprenne ou non ce qu'elles ordonnent*[8]. Une telle abdication de ses facultés de jugement pourrait faire douter de sa qualité d'humaniste et son propos pourrait même s'arrêter là[9].

Il procède ici et là par amalgames et affirmations gratuites. Ainsi lorsqu'il se réfère comme étant ses prédécesseurs à *cette cohorte nombreuse des docteurs les plus éminents…* il ajoute : *certains ont été jusqu'à rendre à la doctrine du Christ, après l'avoir défendue dans leurs livres, le témoignage de leurs sangs, c'est le cas chez les Grecs d'Origène, de Basile, de Chrysostome, de Cyril, de Jean Damascène, de Théophraste ; chez les Latins de Tertullien, de Cyprien, d'Arnobe, d'Hilaire, d'Ambroise, de Jérôme et d'Augustin, sans compter depuis les Thomas,*

---

[8] Il déclarera le 19 octobre 1521 : *Si l'église avait adopté l'arianisme ou le pélagianisme, je l'adopterais aussi.*

[9] Qu'il nous soit permis de citer ici le mot d'esprit de Jean Dutour (le Figaro littéraire 16 avril 2009) : *Érasme est un homme qui a eu de la chance toute sa vie et qui n'a pas cessé d'en avoir depuis qu'il est mort. Il faut dire qu'il avait tout pour réussir : une extrême intelligence, une érudition insondable, un caractère heureux (...) et pas une seule idée originale.*

les Scott, les Durand, les Capréolus, les Gabriel, les Egidus, les Grégoire et les Alexandre dont personne à mon avis ne doit mépriser la force et l'habileté dialectique.

Tous ces personnages, dont l'énoncé, certes, illustre le savoir d'Erasme, sont donc censés, d'après lui, avoir subi le martyre. C'est attesté pour Origène, Chrysostome, Justin et Cyprien mais ne l'est pas pour la plupart, en tout cas, des autres. Ceci n'affecte pas le prestige de leur ministère, mais pourquoi les déclarer faussement martyrs ?

Luther aurait pu l'inviter à faire état des déclarations précises de ces docteurs éminents concernant le Libre Arbitre. En effet, Justin a écrit : *Il serait plutôt nécessaire d'abandonner complètement à Dieu omniscient le cheminement de ses propres décisions sans critiquer avec une témérité impie ce que lui-même a décrété*. Jérôme a écrit un *Dialogue contre les Pélagiens*. Durand de St. Pourçin, adversaire du thomisme, a été tenu pour proche de son contemporain G. Ockham. Théophraste était contemporain et disciple d'Aristote. Tertullien, malgré son rôle éminent dans l'histoire de l'Église, devint et demeura montaniste[10]. Même gratuité dans ses affirmations de la part d'Erasme quand il laisse entendre comme parole biblique la phrase *la miséricorde et la vérité sont au principe d'une vie sainte* (?) et qu'il ajoute : *et une foule d'autres passages qui favorisent les partisans du libre arbitre* sans en citer un seul (III B 5). Erasme fait encore preuve de peu de scrupule en rangeant Augustin parmi ses champions comme on le verra.

---

[10] Montanus, durant la seconde moitié du 2ème siècle, suscita un mouvement de mysticisme eschatologique fondé sur l'imminence, par lui proclamée, de la fin des temps et l'exigence d'un ascétisme rigoureux pour trouver le salut. Il connut un réel succès en Afrique.

Mais Luther passe outre et se borne à rappeler qu'il n'a pour référence que les Saintes Écritures.

Quant à l'annonce de la Parole

Il déclare, toujours au début de son texte *: Il y a enfin certaines notions qu'il ne conviendrait pas de prostituer aux oreilles vulgaires même si elles étaient vraies et capables d'être élucidées avec certitude*, ajoutant un peu plus loin *: il est permis de dire la vérité, il n'est pas à propos de la dire devant n'importe qui, n'importe quand et n'importe comment* (I A 9), et précise même (1 A 11) *: la même prudence convient, je suppose, à ceux dont le rôle est de dispenser la parole divine faute de quoi certaines vérités sont nuisibles parce qu'elles ne sont pas adaptées, comme le vin pour les fiévreux.* Il vise ainsi à fractionner ou hiérarchiser la catéchèse, voire en adapter le contenu selon ceux à qui elle est destinée.

Cette conception est celle des religions à mystère : pythagoriciennes, gnostiques…

Il en fut même une certaine illustration durant le ministère terrestre du Seigneur si on se réfère à Jean 16,12 : ***j'ai encore beaucoup de choses à vous dire mais vous ne pouvez pas les porter maintenant. Quand le consolateur sera venu, l'Esprit de vérité, il vous conduira dans toute la vérité car il ne parlera pas de lui-même mais il dira tout ce qu'il aura entendu et il vous annoncera les choses à venir. Il me glorifiera parce qu'il prendra de ce qui est à moi et vous l'annoncera. Tout ce que le Père a, est à moi c'est pourquoi j'ai dit qu'il prend de ce qui est à moi et qu'il vous l'annoncera.***

La Pentecôte, précisément, est ensuite advenue délivrant toute la Vérité ici-bas connaissable (Paul : ***nous voyons ici***

comme dans un miroir*…*) et l'aptitude à la comprendre. C'est ainsi de même que Paul dans sa première épître aux Corinthiens 3,2 déclare : je ***vous ai donné du lait non de la nourriture solide, parce que vous ne pouviez pas la supporter ; et vous ne le pouvez pas même encore parce que vous êtes encore charnels…***

Il ne s'agit donc, ni dans Jean 16,12 ni dans I Cor .3,2, d'une adaptation de l'enseignement selon les personnes à qui on s'adresse, mais d'une exhortation à en pénétrer le sens. Nous y reviendrons avec les paraboles.

Luther ne pouvait que s'insurger contre ces compromis préconisés par Erasme qui d'ailleurs, se trouve ici en porte-à-faux avec les encouragements qu'il prodigua par ailleurs à lire la bible alors que l'accès des fidèles au texte complet des Saintes Écritures était interdit à l'époque et pour longtemps encore par l'église romaine. Le traducteur de la Bible en langue allemande vernaculaire ne pouvait que réfuter la « prudence » d'Erasme.

Relevons enfin, car ceci est d'une actualité parfois tragique, que ce système de degrés dans la connaissance caractérise diverses sectes contemporaines. En laissant espérer au récipiendaire qu'il va accéder progressivement à des révélations de plus en plus hautes, on assure la fidélité de sa clientèle… et la pérennité de ses cotisations.

III
RIGUEUR ET SOBRIÉTÉ DE LUTHER

Le Traité du Serf Arbitre est marqué par sa construction, la cohérence et la rigueur de son argumentation. Luther place ses références bibliques dans leur contexte pour les commenter. Il est économe dans la sélection de ses citations et en fait, au besoin, l'analyse linguistique. S'il évoque Virgile à deux reprises (GF 86,95), c'est pour faire la distinction entre le serf arbitre et la notion de destin au sens où il était entendu dans l'Antiquité : *fortuna omnipotens et ineluctabile fatum*[11]. Quant au Nouveau Testament, il précise lui-même (LF 197) qu'il ne *fait entrer en lice, parmi toute sa puissante armée, que deux chefs : Paul et Jean l'Evangéliste.*

Voici ce qui n'est pas une recension complète, mais le simple pointage de divers passages, relevés au gré de notre habituelle lecture quotidienne des Ecritures depuis que nous avons entrepris cette étude, postulant le serf arbitre, classés selon la succession des livres bibliques. Cette recension est longue au point de pouvoir être lassante, mais mérite la patience de la lire car la parfaite cohésion de ces citations entre elles, quel que soit le livre dont elles sont issues, tant Ancien que Nouveau Testament, pourrait déjà conférer au serf arbitre un caractère irrécusable :

JOB :
12,10 : Il tient dans sa main l'âme de tout ce qui vit.
23,14 : Il accomplira tous ses desseins à mon égard, et il en concevra bien d'autres encore. Voilà pourquoi sa présence m'épouvante ; Quand j'y pense j'ai peur de lui.

---

[11] Virgile, l'Enéide.

PSAUMES :
16,9 : Le cœur de l'homme médite sa voie mais c'est l'Éternel qui dirige ses pas.
22,1 : Dès le ventre de ma mère tu as été mon Dieu.
56,9 : Recueille mes larmes dans ton outre : Ne sont-elles pas inscrites dans ton livre ?
71,6 : Sur toi je m'appuie dès le ventre ; depuis les viscères de ma mère, tu es mon tuteur.
75,8 : Car Elohim juge, il rabaisse celui-ci, il exalte celui-là.
105,25 : Il changea leur cœur au point qu'ils haïrent son peuple.
135,6 : Oui, IHV fait tout ce qu'il désire, dans les ciels, dans les mers et sous les abîmes.
139,4 : Le mot n'est pas sur ma langue que déjà tu le pénètres tout, derrière, devant, tu m'assièges et mets ta paume sur moi.
139,16 : Quand je n'étais qu'une masse informe, tes yeux me voyaient. Et sur ton livre étaient tous inscrits les jours qui m'étaient destinés avant qu'aucun d'eux n'existât.

ESAÏE :
26,12 : Éternel tu nous donnes la paix car tout ce que nous faisons, c'est toi qui l'accomplis en nous…. C'est grâce à toi seul que nous invoquons ton nom.
45,24 : En l'Eternel seul, me dira-t-on, résident la justice et la force.
48,8 : Car je savais que tu serais infidèle et que dès ta naissance tu fus appelé rebelle.
55,8 : Car mes pensées ne sont pas vos pensées et vos voies ne sont pas mes voies, dit l'Eternel, autant les cieux sont élevés au-dessus de la terre, autant mes voies sont élevées au-dessus de vos voies.

JÉRÉMIE :
1,5 : Avant que je t'eusse formé dans le ventre de ta mère, je te connaissais et avant que tu fusses sorti de son sein, je t'avais consacré, je t'avais établi prophète des nations.
10,23 : La voie de l'homme n'est pas en son pouvoir. Ce n'est pas à l'homme quand il marche à diriger ses pas.
18,6 : Ne puis-je pas agir envers vous comme ce potier, maison d'Israël ? dit l'Éternel. Voici comme l'argile est dans la main du potier, ainsi vous êtes dans ma main, maison d'Israël !
32,42 : Car ainsi parle l'Éternel de même que j'ai fait venir sur ce peuple tous ces grands malheurs, de même je ferai venir sur eux tout le bien que je leur promets.

LAMENTATION DE JÉRÉMIE *:*
3,37 : Qui dira qu'une chose arrive sans que le Seigneur l'ait ordonnée ? N'est-ce pas de la volonté du Très Haut que viennent les maux et les biens ?

I ROIS :
22,23 : L'Éternel a mis un esprit de mensonge dans la bouche de tous les prophètes qui sont là.

MATTHIEU :
5,36 : Ne jure pas non plus par ta tête, car tu ne peux rendre blanc ou noir un seul cheveu.
6,27 : Qui de vous, par ses inquiétudes, peut ajouter une coudée à la durée de sa vie ?
10,29 : Ne vend-on pas deux passereaux pour un sou ? Cependant, il n'en tombe pas un à terre sans la volonté de votre Père et même les cheveux de votre tête sont comptés.
15,13 : Toute plante que n'a pas plantée mon Père céleste sera déracinée.

MARC :
12,26 **: *Qui de vous par ses inquiétudes peut ajouter une coudée à la durée de sa vie ?***
13,7 : Quand vous entendrez parler de guerres et de bruits de guerre ne soyez pas troublés car il faut que ces choses arrivent.
17,26 **: *Il a fait que tous les hommes, sortis d'un seul sang, habitassent sur toute la surface de la terre, ayant déterminé la durée des temps et les bornes de leur demeure.***

LUC :
12,26 : ***Si donc vous ne pouvez pas même la moindre chose, pourquoi vous inquiétez-vous du reste ?***
17,10 : Vous de même, quand vous avez fait tout ce qui vous a été ordonné, dites : Nous sommes des serviteurs inutiles, nous avons fait ce que nous devions faire.
19,39 : Quelques Pharisiens du milieu de la foule dirent à Jésus : Maître, reprends tes disciples. Et il répondit : Je vous le dis, s'ils se taisent, les pierres crieront !

JEAN :
1,3 : ***Tout devient par lui ; hors de lui, rien de ce qui advient ne devient.*** (trad.Chouraqui)
3,27 : Jean répondit : « Un homme ne peut recevoir que ce qui lui a été donné du ciel. »
6,65 : ***C'est pourquoi je vous ai dit que nul ne peut venir à moi si cela ne lui a été donné par le Père.***
12,40 : Il a aveuglé leurs yeux et il a endurci leurs cœurs de peur qu'ils ne voient des yeux et que je ne les guérisse.
15,26 ***: Ce n'est pas vous qui m'avez choisi, mais moi je vous ai choisis et je vous ai établis, afin que vous portiez du fruit et que votre fruit demeure.***
19,11 (Jésus s'adressant à Pilate*)* ***: Tu n'aurais sur moi aucun pouvoir s'il ne t'avait été donné d'en haut***.

ACTES DES APÔTRES :
16,14 : Lydia, marchande de pourpres de la ville de Thyatire, était une femme craignant Dieu et elle écoutait. Le Seigneur lui ouvrit le cœur pour qu'elle fût attentive à ce que disait Paul.
17,26 : Il leur a fixé (aux nations) les temps qui leur sont imposés et les frontières de leur établissement.

ROMAINS :
9,18 : Ainsi il fait miséricorde et il endurcit qui il veut.
11,8 : Dieu leur a donné un esprit d'assoupissement des yeux pour ne point voir et des oreilles pour ne point entendre, jusqu'à ce jour.
11,32 : Car Dieu a renfermé tous les hommes dans la désobéissance pour faire miséricorde à tous.
12,3 : Je dis à chacun de vous de n'avoir pas de lui-même une trop haute opinion… Selon la mesure de foi que Dieu a départie à chacun.
15,4 : Or tout ce qui a été écrit d'avance l'a été pour notre instruction.

I CORINTHIENS :
2,11 : Nous prêchons la sagesse de Dieu, mystérieuse et cachée que Dieu avant les siècles avait destinée pour notre gloire… Personne ne connaît les choses de Dieu si ce n'est l'Esprit de Dieu.
12,11 : Un seul et même Esprit opère toutes ces choses, les distribuant à chacun en particulier comme il veut.
12,18 : Maintenant Dieu a placé chacun des membres dans le corps comme il a voulu.

II CORINTHIENS :
4,4-6 : Si notre Évangile est encore voilé, il est voilé pour ceux qui périssent, pour les incrédules dont le Dieu de ce siècle a aveuglé l'intelligence afin qu'ils ne vissent pas

briller la splendeur de l'Évangile de la Gloire du Christ qui est l'image de la Gloire de Dieu.

EPHESIENS :

1,4 : En lui (Christ) Dieu nous a élus avant la fondation du monde.

1,11 : C'est ainsi aussi que nous avons été choisis aussi pour héritage étant prédestinés selon le plan préétabli de celui qui conduit tout au gré de son vouloir.

II THESSALONISSIENS :

2,11 : Ainsi Dieu leur envoie une puissance d'égarement pour qu'ils croient au mensonge, afin que tous ceux qui n'ont pas cru à la vérité, mais qui ont pris plaisir à l'injustice soient condamnés.

HÉBREUX ***:***

4 : Nul ne s'attribue cette dignité, s'il n'est appelé de Dieu, comme le fut Aaron.

IV
LES PRÉDÉCESSEURS DE LUTHER

Ce sont ceux dont Luther lui-même se prévaut (G.P. 138) que nous évoquons brièvement.

Augustin

On ne présente pas Augustin. C'est l'un des théologiens ayant fait l'objet du plus grand nombre de biographies, études, apologies. Dans son riche ouvrage : *Saint Augustin*[12], Serge Lancel propose plus de 300 publications au titre de sa bibliographie. Cependant, comme sa caution est également revendiquée par Erasme et par Luther, il faut rappeler l'évolution de sa pensée. Sa vocation théologique et pastorale fut précédée d'une jeunesse hédoniste puis d'une phase manichéenne mêlée d'esprit mondain. Par la constante sollicitude de sa mère Monique et l'influence décisive d'Ambroise, il reçut de celui-ci le baptême à l'âge de 32 ans. S'il devint l'adversaire de Pélage son contemporain, et du pélagianisme, ce fut ici aussi à la suite d'un cheminement qui le mena de l'approbation des thèses du moine irlandais à une opposition déterminée à leur encontre. Sa conviction changea notamment, comme il le confessa, en raison de la déclaration du Seigneur dans Jean 1,5 : ***sans moi vous ne pouvez rien faire.*** Dans ses *Rétractationes,* où il revoit ses anciens écrits, évoquant sa correspondance avec Simplicianus sur le Libre Arbitre, il déclare : *dans la solution de cette question je me suis beaucoup évertué en faveur du Libre Arbitre de la volonté humaine mais la grâce de Dieu l'a emporté.*

---

[12] Fayard.

Ainsi rejette-t-il l'opinion selon laquelle le libre arbitre serait nécessaire pour justifier sanctions et récompenses en déclarant dans son De Gratia Christi de 426 : *C'est Dieu qui détermine en nous le bien et le mal, ce sont ses bonnes œuvres qu'il récompense en nous et ses mauvaises œuvres qu'il punit en nous.* La formule est plusieurs fois reprise par Luther, on l'a vu.

Ce propos pourrait être tenu pour révoltant mais il est pourtant en parfait accord avec l'épître de Paul aux Philippiens 2,13 : ***c'est Dieu qui produit en vous le vouloir et le faire.*** De même, Paul, en son épître aux Romains 9,18 : ***ainsi il fait miséricorde à qui il veut et il endurcit qui il veut***, et encore dans la seconde épître aux Thessalonissiens 2,11 : ***ainsi Dieu leur envoie une puissance d'égarement pour qu'ils croient au mensonge afin que tous ceux qui n'ont pas cru à la vérité mais qui ont pris plaisir à l'injustice soient condamnés.*** Ou encore : ***La tristesse selon Elohim provoque un retour vers le salut que nul ne regrette…*** (II Cor. 7,10). On peut aussi se référer au livre de Job 1,6 et 2,1, ainsi qu'au 1er Livre des Rois, 22,20, repris en II Chro.18, 20, concernant l'égarement d'Achab. Nous y reviendrons un peu plus loin.

Dans cette correspondance avec Simplicianus, Augustin déclare aussi, et conséquemment, sa ferme opposition à la notion d'œuvres méritoires.

John Wyclif

(On écrit encore Viclef où Wiecleef) est un des précurseurs de la Réforme. Né en 1324 dans le Yorkshire, il enseigna à Oxford comme Principal, puis au collège de

Canterbury. Il soutint Édouard III en son refus de payer le tribut comme vassal du Saint-Siège et devint chapelain du roi. Bien qu'attaqué par le clergé, il bénéficia de la protection du duc de Lancastre et put ainsi développer ses thèses : refus de la prééminence du siège romain, négation de la présence réelle, récusation des indulgences et de l'obligation de la confession, refus du sacrement de mariage, négation du libre arbitre. Si Luther ne l'a mentionné qu'au regard du serf arbitre, on peut remarquer ses convergences avec Viclif sur les différents points ici relevés, sauf la présence réelle dans la Sainte Cène. L'Anglais précéda même Luther dans la traduction de la Bible en langue vulgaire. Beaucoup d'ecclésiastiques se réclamèrent de son enseignement en se groupant sous le nom de *pauvres prêtres*.

Luther reprend donc son affirmation qu'il rappelle à plusieurs reprises : *Tout arrive par nécessité* ou encore : *Tout arrive nécessairement*.

Erasme se prévalant (II B 8) de la condamnation dont il fit l'objet par le Concile de Constance (1414-1418), Luther qualifie ce Concile de *conjuration et sédition de Constance* (G.F. 260) et pour cause. C'est cette assemblée devant laquelle se rendit Jean Huss, muni d'un sauf, conduit de l'empereur Sigismond, pour y répondre de ses thèses (opposition aux indulgences, au culte des saints, à la communion sous une seule espèce). Or, condamné au bûcher, il fut brûlé vif en dépit du sauf-conduit de l'empereur.

Lorenzo Valla

Né à Rome en 1406, ordonné prêtre en 1431, savant latiniste, doté d'une grande érudition, fut toute sa vie protégé par Alphonse V d'Aragon. Notons incidemment qu'il pourrait être compté parmi les précurseurs de l'école critique par ses études tendant à démontrer que le Symbole des Apôtres n'avait pas été rédigé par les Apôtres eux-mêmes. Il encourut d'abord la farouche hostilité de la cour pontificale car il critiqua âprement le pouvoir temporel du pape qualifié de *Despote de Rome*. Adversaire de la scolastique, il s'opposait aux vœux monastiques. Dans ses *Annotationes in Novum Testamentum,* il critique vivement des traductions orientées de Jérôme dans la Vulgate. Dans son *De libero arbitrio*[13], il récuse le libre arbitre. Cet ouvrage s'intègre dans le vaste panorama des *Disputationes Dialecticae* où apparaît l'influence d'Ockham (évoquée plus loin). Il bénéficia cependant de la bienveillance du pape Nicolas V.

Son *De libero arbitrio* est présenté sous forme de dialogue avec un certain Antonio. Valla dit d'abord sa défiance à l'égard des philosophes et évoque un suicide d'Aristote. La question est abordée ensuite selon la plus constante des approches : l'incompatibilité entre la prescience divine et la liberté humaine. On ne résumera évidemment pas l'ouvrage et on se bornera à citer ce passage autour duquel s'organise la pensée de l'auteur : *« Et fais moi bien attention à ce point : cela ne revient pas au même de dire que le libre arbitre est annihilé par la volonté de Dieu ou qu'il l'est par sa prescience. En effet, la volonté a un motif antécédent qui réside dans la sagesse divine. Car s'il endurcit l'un et fait miséricorde à l'autre, comme il est plein de sagesse et de bonté c'est qu'il y est conduit par un motif tout à fait juste et il est impie de penser autre chose que ceci : Puisqu'il est absolument bon, son action est bonne... »* Cette distinction est reprise et développée

[13] Traduction de J. Chomarat. Vrin, Paris 1983.

par Luther comme on le verra plus loin. Il la résume dans la formule portée sur notre page de titre.

Notons cependant la réserve de Valla au regard de l'expérience. Il semble ici y avoir divergence avec Luther, sans doute parce que l'expérience est le terrain de réflexion des philosophes alors que Valla proclame sa seule référence à la révélation offerte par les Saintes Écritures et sa prédilection pour Paul. Mais Luther ne mentionne l'expérience (quoique fermement) que postérieurement à la foi… et ne se déclare pas philosophe. Il n'ignore cependant pas la philosophie. Son hostilité à Aristote est plusieurs fois exprimée dans le Traité. Nous y reviendrons plus loin.

Le « docte Pierre Lombard »

Né vers 1100 à Novare, mort en 1160. Il enseigna la théologie à Paris dont il fût évêque à la toute fin de sa vie. Ses *Sentences,* qui lui valurent son nom de *Maître de Sentences*, fut le fond sur lequel reposa l'enseignement scolastique pendant plusieurs siècles. Ce n'est évidemment pas à ce titre que Luther lui concéda quelque approbation – car il le qualifie même de *Père de tous les sophistes* c'est-à-dire des scolastiques -, mais parce que sans nier le libre arbitre, il reconnaît que celui-ci *abandonné à ses propres forces ne peut que faillir et conduire au péché*[14].

[14] Il serait le premier à avoir reçu, de l'Université de Paris, le titre de Docteur.

V
LIGNES DE FORCE DU DÉBAT

La Grâce

La grâce est gratuite et on ne peut se déclarer chrétien sans le confesser (même catholiques romains de nos jours, voir le dernier chapitre). Et puisque la grâce est gratuite, il ne peut pas y avoir de libre arbitre. C'est tout simple mais nous y reviendrons quand même.

On conçoit que recevoir la foi, accueillir la grâce, réalise chez celui qui en est touché un changement d'état, une transformation. Le dominicain Bruckberger, pour traduire l'Évangile dans un langage quotidien, remplaçait l'expression ***convertissez-vous*** par *devenez autres.*

Mais tous les croyants ne peuvent pas se prévaloir d'une brutale illumination, tel Paul sur le chemin de Damas ou la seconde conversion de Pascal en 1644 ou Swedenborg en 1744, ou encore Paul Claudel, une nuit de Noël. Qui donc a reçu la grâce ? Quels en sont le ou les signes irrécusables ? Elle est certainement agissante, mais selon des processus parfois difficiles à élucider et ce d'autant plus que notre cheminement est rarement rectiligne[15].

Plus encore, peut-on à coup sûr estimer soi-même l'avoir reçue cette foi si souvent vacillante (Marc 2,24 : ***Je crois Seigneur, viens au secours de mon incrédulité*** ; Matth.17, 20 : ***si vous aviez de la foi comme un grain de moutarde***... ; Luc 8,25 : ***Puis il leur dit : où est votre***

---

[15] Emprunté à la sagesse païenne, un labyrinthe fut tracé sur le pavement de plusieurs cathédrales. Il demeure dans celle d'Amiens.

foi ?). À l'inverse ne pourrait-on pas avoir reçu la grâce sans le savoir, en tout cas sans s'en prévaloir ?

Certes, certains signes peuvent en répondre, tels ceux annoncés par le Seigneur en Marc 16,18 : ***Voici les miracles qui accompagneront ceux qui auront cru : En mon nom ils chasseront les démons*** ; Philippe à qui la ***foule était attentive car des esprits impurs… sortirent de plusieurs démoniaques*** ou encore Étienne qui ***faisait des prodiges et de grands miracles parmi le peuple*** ou encore ***par qui… beaucoup de paralytiques et de boiteux furent guéris,*** tels aussi Pierre et Jean qui feront ***sauter sur ses pieds*** un boiteux de naissance, Acte 3,8 ; et de même Acte 6,8 ; Acte 8,7 : ***ils saisiront des serpents*** (Paul, à l'île de Malte) Acte 28,3. Autre signe de la Grâce : ***ils parleront de nouvelles langues,*** Marc. 17,16. Il ne s'agit pas seulement du parler en langues, dit glossolalie mais, plus remarquable, le fait que, vingt siècles plus tard, la Bible, traduite de l'hébreu et du grec, soit éditée et la bonne nouvelle prêchée dans toutes les langues du monde et la plupart des dialectes, ce qui n'est le cas d'aucun autre livre.

Cependant, outre que ces charismes ci-dessus évoqués ne sont pas, ou ne semblent plus, donnés à beaucoup, ils ne sont pas toujours de nature à assurer le salut : ***plusieurs me diront en ce jour : Seigneur, Seigneur, n'avons-nous pas prophétisé en ton nom, chassé les démons par ton nom… alors je leur dirai ouvertement… je ne vous ai jamais connus… retirez-vous de moi, vous qui commettez l'iniquité***. (Matth. 7, 21-24).

Mais à l'inverse de ces spectaculaires manifestations, nous sommes assurés d'entrer dans l'amitié du Seigneur par la simplicité et l'authenticité du secours concret apporté à

(Matth.10, 42) ***l'un de ces petits qui est mon disciple en lui donnant un verre d'eau fraîche**,* ou de ces ***malades ou en prison*** en les visitant (Matth.25, 31-46).

Ce dont on peut être assuré, enfin, que ce soit le signe irrécusable de la grâce, c'est l'application réelle, effective des prescriptions du sermon sur la montagne dans l'exercice du pardon, car cette aptitude est contre nature et ne peut être que donnée. C'est illustré par D. Bonhoeffer en son ouvrage *Le prix de la grâce* (ancien titre *Vivre en disciple*[16]). Nous y reviendrons aussi.

La raison – L'expérience

Outre les écritures bibliques qui constituent bien évidemment le socle de son Traité, Luther invoque aussi *la raison* pour réfuter le libre arbitre. Il déclare dans sa conclusion *rien ne peut se produire que selon sa volonté (de Dieu). La raison elle-même est obligée de l'admettre.* Il fait souvent état aussi de *l'expérience :* GF 170, 206, 352, 408, 437, 448, comme propre aussi à démontrer que l'homme sans la grâce ne peut rien vouloir si ce n'est le mal : GF 458.

Le Réformateur va donc au-delà de la notion de Grâce nécessairement gratuite qui, seule, confère la liberté. Il ne s'agit plus seulement de l'impossibilité pour l'homme d'y accéder par ses propres forces. C'est bien de tout être, dont il déclare qu'il n'est pas libre. Ainsi il ne se montre pas seulement théologien de par la Bible, mais aussi observateur de la condition humaine.

---

[16] Labor et Fides.

Il est bien un fait que, dès acquise la faculté d'observer et de penser, nous sommes placés devant l'évidence de l'absence de liberté quant à notre état originel et de la disparité des situations de naissance des uns par rapport aux autres. Bientôt s'impose à nous l'incidence de notre lieu et environnement d'origine sur la suite du déroulement de nos vies.

Avons-nous déterminé nous-mêmes les aptitudes, les capacités dont nous sommes dotés initialement, talents plus ou moins nombreux qu'il s'agira pour nous de faire valoir et que notre milieu nous permettra plus ou moins facilement de développer ? Cela se passe comme si on recevait tel quel ce que l'on est et ce que l'on a – que ce soit d'un destin fatal, de Dieu ou d'un hasard aveugle – mais sans le mode d'emploi qu'il faut découvrir à l'usage, par la confrontation (cordiale ici, hostile là) avec notre prochain et au gré des évènements, outre bien sûr l'éducation dont nous avons été dotés ou privés.

Le développement de notre champ de connaissance les uns par les autres, jusque dans la révélation spirituelle, est illustré par la guérison de l'aveugle de naissance en Jean 9. Les apôtres, se basant sur Exode 24 (… ***je sanctionne le tort des pères sur les fils…),*** demandent logiquement au Seigneur : ***Qui est fautif, lui ou ses parents ?*** … Le Seigneur qui s'apprête à lui donner la vue répond : ***lui-même n'est pas fautif ni ses parents mais c'est pour que les œuvres de Dieu se manifestent en lui…*** et il ajoute, verset 5 : ***je suis la lumière du monde***. Nous sommes donc en nos corps, comme aussi en nos âmes, de par nos facultés et faiblesses, occasions et moyens d'édification réciproques, que nous le voulions ou non.

Ce conditionnement a une autre illustration dès avant notre naissance. On savait à l'époque de Luther que l'on pouvait hériter certains traits de caractère et ressemblance physiques de ses parents, mais on ignorait que telles configurations de notre ADN nous rendraient sujets à tels ou tels comportements ou faiblesses pathologiques. On sait donc maintenant que c'est dès l'élaboration de notre conformation physique, avant même que nous soyons nés, que nous sommes exposés à diverses situations qui en résulteront dans nos vies, indépendamment même du rôle de notre environnement [17]. C'est ce que traduisent beaucoup de citations de la Bible relevées dans le chapitre III ci-dessus, en l'absence de toute connaissance de biologie génétique de la part de leurs auteurs.

Dans ce domaine scientifique encore, les expériences de Benjamin Libet (1916-2007, Université de Californie) sont déterminantes[18]. Confrontant par électro-encéphalogramme l'activité du cerveau avec le geste volitif, elles démontrent que la zone cervicale d'où provient l'impulsion est excitée plusieurs centaines de millisecondes avant le déclenchement du geste. C'est la démonstration en laboratoire de l'emprise de l'inconscient sur le conscient. C-G Jung, le constatant aussi en tant que psychologue, s'est employé à proposer l'accès du conscient à la liberté par l'individuation, l'appréhension du soi par le dépassement du moi, et il fait référence à l'alchimie[19].

---

[17] On peut lire à ce sujet *La logique du vivant* de François Jacob – Gallimard.

[18] *Time of concious intention to acte of cerebral activity* – Brain 1983.

[19] Voir notamment *Dialectique du moi et de l'inconscient*. Gallimard.

Le semeur et les semences

La parabole du semeur illustre aussi notre dépendance originelle, dès avant notre venue sur terre. Elle est rapportée par les trois Évangiles synoptiques : Matthieu 13,4 ; Marc 4,3 ; Luc 8,5. Elle est identique chez tous les trois dans la relation initiale qu'en fait Jésus à la foule ***un semeur sortit pour semer, comme il semait, une partie de la semence tomba le long du chemin***... Il est alors entendu que la semence est la parole de Dieu et que les différents terrains sur lesquels elle est répandue reflètent les dispositions, bonnes ou mauvaises, de ceux qui s'y trouvent et la reçoivent. Mais interviennent ensuite une extension et même un renversement du sens. Ainsi, en Marc à partir du verset 16, s'adressant à ***ceux qui l'entourent avec les douze,*** ce sont des hommes qui sont semés et non plus la parole : ***ceux qui sont semés sur la rocaille, eux quand ils entendent la parole***... Il en est de même avec Luc chap.8, alors qu'avec les versets 5 à 8 dans le discours adressé à la foule il est clairement déclaré ***la semence c'est la parole de Dieu***, le verset 14 désigne *ceux qui* ***sont sur le roc, ce sont ceux qui lorsqu'ils entendent...***

Quant à la version de Matthieu ch.13, alors que parlant à la foule depuis le verset trois le Seigneur assimilait la semence à la parole, en s'adressant aux seuls disciples au verset dix-huit **(*vous donc écoutez ce que signifie la parabole du semeur*),** c'est celui qui entend (ou n'entend pas) la parole qu'il évoque. Il étend ensuite cette transposition avec les versets trente-huit à quarante **:** ***Celui qui sème la bonne semence, c'est le fils de l'homme, le champ, c'est le monde ; la bonne semence, ce sont les fils du royaume ; l'ivraie, ce sont les fils du malin ; l'ennemi qui l'a semé, c'est le diable.***

Le semeur semant donc des personnages est-il maladroit (le bon) en laissant s'égarer des graines là où elles ont peu de chance de prospérer ? Ou bien ne sème-t-il uniquement qu'en bonne terre ? Au bout du compte, il y a bien de la bonne et de la mauvaise terre comme aussi des forts et des faibles, mais il peut y avoir aussi des forts dans la mauvaise terre et inversement. C'est bien un fait, nous n'avons pas le choix, c'est de l'ordre de la nécessité à laquelle nous allons revenir car, avant que nous fussions sur terre, nous étions dans la main du Semeur.

Pluie, sécheresse, survenance des oiseaux qui s'emparent des graines, mauvaises graines qui étouffent la bonne, sont des circonstances auxquelles nous sommes confrontés durant nos existences, et qui arrivent *nécessairement*, en un certain environnement que nous n'avons pas choisi, à travers des contingences qui s'imposent à nous. On peut observer qu'en Jean 12,24, l'allégorie du grain est reprise (***si le grain ne meurt***) et c'est alors de la seule créature qu'il s'agit, devant renaître de son terreau.

La parabole du semeur et ses commentaires en clair inaugurent la suite des différentes autres illustrations par lesquelles Jésus explicite le Royaume des cieux. On passe de la terre au ciel. Chez Matthieu une graine de moutarde, puis du ***levain, une perle de grande valeur,*** puis un ***filet.*** Chez Marc la ***lampe*** qui ne doit pas être mise sous le boisseau, la ***semence en terre***. Chez Luc seule l'allégorie de la lampe vient ensuite mais elle ajoute encore aux images données en Matthieu et Marc (4,21) en les approfondissant : ***personne n'allume une lampe pour la couvrir d'une cloche et la mettre sous un lit ; mais il la met sur un lampadaire pour que ceux qui arrivent voit la lumière. Non rien de caché qui ne doit être manifesté, ni***

de secrets qui ne doivent être pénétrés et devenir manifestes.

Remarquons aussi une autre polyvalence de ces différentes illustrations allégoriques du Royaume, lequel est tout à la fois extérieur à nous ***le trésor, la perle,*** Matth. 13,44-46 et en nous : Luc 17,21… ***car, voici, le Royaume de Dieu est au-dedans de vous,*** en devenir, en puissance.

Origène et l'âme

Erasme se réfère à plusieurs reprises, dans sa Diatribe, à Origène, (né vers 185 à Alexandrie, mort à Tyr vers 253). Il déclara même en 1518 : *Une seule page d'Origène m'instruit plus que tout Augustin*[20].

Il se prévaut notamment de la doctrine qu'il enseignait, selon laquelle l'âme tiendrait une position intermédiaire entre le corps et l'Esprit et aurait de ce fait la faculté de se tourner librement vers le bien ou vers le mal, ce qui confèrerait à l'homme le libre arbitre. Cette position peut étonner si l'on sait qu'il fut un des premiers commentateurs de l'épître de Paul aux Romains.

D'inspiration platonicienne et même gnostique, ayant très sérieusement étudié et médité les philosophes grecs et les écritures bibliques, il répandit largement son enseignement par des voyages tout autour du bassin méditerranéen. Il professait que le même texte biblique était riche de quatre significations se recouvrant l'une l'autre. Il situait l'origine des âmes antérieurement à la création matérielle, laquelle il tient pour conséquence de la chute et non sa cause. Paul Tillich reprendra implicitement cette

[20] Cité par Denis de Rougemont en latin dans sa préface

appréciation en situant l'essence de l'homme antérieurement à la chute.

C'est cependant d'abord parce qu'il proclamait que Jésus n'était le fils de Dieu que par adoption (dans son livre *De Principes*) qu'il fut condamné tout d'abord par un édit de l'empereur Justinien en 543, puis par le cinquième concile œcuménique à Constantinople en 553. On peut relever qu'alors qu'il professait son adhésion à la doctrine de la migration des âmes, cet aspect de son enseignement n'est pas compris dans les motifs des anathèmes prononcés à son encontre.

Malgré ces condamnations, l'œuvre d'Origène a été beaucoup étudiée. Hilaire, Ambroise, Jérôme et jusqu'à Bernard de Clairvaux y font référence. Luther ne conteste pas la configuration triple de l'homme, Esprit, Ame et Corps, qui est formellement visée par Paul dans la 1ère épître aux Thessaloniciens 5,23 (texte auquel Luther se réfère dans son commentaire du Magnificat, L.F.III 21) :... ***et que votre être, l'esprit, l'âme et le corps, soit conservé irrépréhensible...***, et qu'évoque aussi l'épître aux Hébreux 4,12 : ...***car la parole de Dieu est... pénétrante jusqu'à partager âme et esprit...*** et encore de la bouche du Seigneur dans Luc 21,29, :***... par votre persévérance vous sauverez vos âmes....*** , et dans Matth.10.28 : ***Ne craignez pas ceux qui tuent le corps et qui ne peuvent tuer l'âme ; craignez plutôt celui qui peut faire périr l'âme et le corps dans la géhenne...*** C'est la seule faculté autonome de l'âme de faire le bien sans la Grâce que Luther récuse par sa réponse tranchante *: Je connais cette fable d'Origène... Il l'affirme mais ne le prouve pas.* (G.P.428). Pas plus Origène qu'Erasme ne fournissent en effet de justification scripturaire à l'appui de leur assertion. Il n'en reste pas moins que la brièveté de l'objection de Luther nous laisse sur notre faim quant à la notion d'âme.

Comme pour évacuer la question, le Réformateur avait, dès la deuxième partie du Traité, rattaché l'âme à la condition corporelle. Il écrit en effet (LF, t.V 176) : *Quant à nous, nous savons que dans le genre humain tout entier, sont compris le corps et l'âme avec toutes leurs forces et toutes leurs œuvres, avec toutes leurs vies et toutes leurs vertus avec toutes leurs sagesses et toutes leurs sottises, avec toutes leurs justices et toutes leurs injustices. Toutes ces choses sont chair parce qu'elles pensent selon la chair, c'est-à-dire leurs seuls avantages, et sont privées de la gloire et de l'Esprit de Dieu ainsi que le dit Paul dans Rom. 3, verset 23.*

Certes Luther évoque ainsi l'âme *privée de la gloire et de l'Esprit de Dieu,* mais son propos sur l'âme s'arrête là. On doit reconnaître que la notion d'âme a fait et fait encore l'objet d'opinions très variées de la part autant des théologiens que des philosophes. Karl Barth propose une relation de ces multiples conceptions dans l'étude qu'il consacre, après *L'homme comme âme de son corps,* à *L'homme dans son temps*[21]. Il en fait une riche quoique concise recension embrassant les différentes doctrines proposées en différentes époques qui, à ce titre, se doit d'être citée entièrement :

Dans sa doctrine de l'âme et de son origine, l'ancienne théologie a donné à ce propos et dans des préoccupations que nous pouvons nous épargner parce qu'elles ne touchent pas le véritable problème qui doit être résolu ici. Elle n'a eu raison que sur un seul point : le rejet a limine,

---

[21] Dogmatique 3ème vol. T 2, p. 268.

face à tous les gnosticismes antiques et modernes de l'émanatisme, théorie selon laquelle l'âme humaine serait une émanation ou un rayonnement de la substance de Dieu ; c'est-à-dire d'essence divine et non pas une créature.

Il est clair que notre problème ne pourrait pas être un problème du point de vue de cette doctrine (l'émanatisme). *Il serait en effet aussi absurde de se préoccuper de notre origine que de celle de l'être divin. Mais il est tout aussi évident qu'un tel avantage a pu être acquis uniquement parce que cette doctrine supprime la différence et l'opposition qu'il y a entre l'être de Dieu et celui de l'homme, c'est-à-dire une des présuppositions fondamentales de toute connaissance chrétienne et qu'elle se place ainsi sur un terrain où tout enseignement et, partant, toute discussion théologique deviennent impossibles. Cependant, tout en respectant, à juste titre, la différence entre le créateur et la créature, l'Église et la théologie ancienne ont cru devoir aborder le problème de l'origine de l'âme, c'est-à-dire de la vie humaine, selon une gamme de variantes entre lesquelles nous n'avons pas à choisir, et pour de bonnes raisons. Sous l'influence de Platon et au sein de l'Église, en suivant les traces d'Origène, on a soutenu l'idée d'une préexistence des âmes créées, pour ce que l'on se représentait, soit comme un monde d'esprit appelé successivement à revêtir les corps matériels préparés pour eux (ce qui pourrait justifier jusqu'à un point la théorie défendue par Julius Müller*[22] *d'une chute pré-temporelle ou préhistorique, soit comme ayant été à l'origine insufflée par Dieu dans le*

[22] Théologien allemand, 1801- 1878. La référence à la migration évolutive des âmes fait partie intégrante du Zohar. Voir notamment éd.1907, tome 2, pages 337 et suivantes (186 b)

corps du premier homme, c'est-à-dire créée avec Adam, et destinée à se répartir ensuite entre ses descendants, ces deux conceptions n'empêchant pas de penser aussi, selon la doctrine de la métempsychose (réincarnation), que la même âme puisse se lier sans cesse à des corps différents. S'opposant en partie, sans pouvoir s'en détacher, à la doctrine de la préexistence, le traducianisme a situé l'origine de l'âme dans l'acte de la procréation (cette théorie a été défendue par Tertullien en particulier puis, chose étrange, par Luther[23] *et la théologie luthérienne. Au moment où un être est engendré, pensait-on, un sperme psychique, différent du sperme physique, se sépare de l'âme des parents pour devenir une âme indépendante, celle de l'enfant. La doctrine dominante dans l'église romaine, mais à laquelle – chose étrange également – la vieille tradition réformée s'est attachée, est le créationisme qui enseigne que l'origine de chaque âme particulière remonte à un acte de création directement accompli par Dieu et à une « Creatio ex nihilo ». Le moment de cet acte serait la conception, où les parents créent la condition physique nécessaire à l'existence de*

---

[23] Nous n'avons pas retrouvé cette opinion, attribuée à Luther, dans nos recherches. Mais cela nous a certes été rapporté comme tel en catéchèse. Sans que nous y eussions du tout adhéré. De même, l'endormissement de l'âme jusqu'à l'avènement du royaume, souvent professé, n'est pas compatible avec l'évocation, en Luc 16,19, de la condition, post mortem du ***pauvre Lazare…*** (qui) ***mourut et fut porté par les anges dans le sein d'Abraham***, tandis que, mourant à son tour, ***le riche, dans le séjours des morts*** (qui) ***leva les yeux… en proie aux tourments…,*** ni au sort bienheureux du bon larron en Luc 23,43 : ***aujourd'hui tu seras avec moi dans le paradis,*** ni avec le retour d'Elie en la personne du Baptiste (Matth.11, 14). Paul, certes, l'enseigne ***au sujet de ceux qui dorment*** en I Thè. 4,13 mais, ce dans la perspective de ceux ***qui sont morts en Christ.*** Quid alors de ceux qui ne sont pas morts en Christ, vivant avant sa venue et qui ne pouvaient le connaître ?

l'homme – bien entendu comme « cause seconde » (Dieu est donc ici « cause première ») ; mais, en même temps, et cette fois en étant « cause unique », Dieu crée l'âme dans le ciel et il l'associe au nouveau corps humain qui se forme. Certes, on ne manque pas de discuter, à ce moment, du problème des rapports entre l'âme, végétative ou sensitive, et l'âme humaine proprement dite, douée de raison en se demandant si leurs liaisons ne se perdent pas plus tard au cours de la grossesse. Thomas d'Aquin lui-même semble encore avoir situé la création véritable de l'anima intellectualis, qui est l'âme humaine proprement dite, à un stade déterminé de la grossesse, tandis que, dans l'opinion qui domine actuellement dans le catholicisme, cette âme, qui constitue le principe spirituel de la vie, serait créée et entrerait en fonction dès la conception parce que l'homme serait destiné dès le début à recevoir ce principe vital[24].

On doit relever que, ni dans ce propos, ni dans la centaine de pages qui le précèdent et qui sont liées à ce sujet, l'éminent théologien ne prend finalement parti. On a pu lire qu'il s'y refuse. Il affirme même (page 43) *parce que l'Esprit réside spécialement dans l'âme et que l'âme est ainsi particulièrement liée à l'Esprit, ce dernier participe au mouvement et expérience de l'âme et c'est pourquoi ce qui peut être affirmé de celle-ci peut l'être aussi de celui-là,* mais aussi et à l'inverse (page 52) : *Elle n'existe que parce qu'elle est l'âme d'un corps.*

[24] Une étude très documentée sur les sources religieuses et philosophiques d'une anthropologie ternaire a été publiée par M. Fromaget sous le titre *Esprit, âme et corps* (Collection Question chez Albin Michel, 1991), malheureusement épuisée.

Luther ne s'est donc pas engagé dans ce redoutable débat. Il a naturellement évoqué la notion d'âme en d'autres textes. Ainsi, relativement à l'immortalité de l'âme dans son *Adresse à la noblesse chrétienne de la nation allemande.* Avec le baptême aussi, dans le Grand catéchisme, mais toujours associé à l'Esprit au point d'employer, pour qualifier indistinctement l'une et l'autre, les mêmes épithètes dans *Une manière simple de prier* où il déclare : *C'est une chose si habile, si ingénieuse et si énergétique que l'âme ou l'esprit.*

Cette distance, gardée par bien des théologiens concernant la notion d'âme, marque leur défiance à l'égard des conceptions gnostiques qui se rapportent très largement au psychisme et dont on distingue divers courants au temps de l'église primitive (voir, au ch. VI, Irénée de Lyon). On en trouve une mise en garde chez Paul, notamment en I Tim. 6,20 : ***détourne-toi du verbiage vain, des objections d'une pseudo-gnose ;*** ou encore en I Cor. 2,14 : l'***homme psychique ne reçoit pas ce qui est du souffle d'Elohîm.*** (trad. Chouraqui). Et aussi dans l'épître de Jacques, 3,15 : ***Cette sagesse ne vient pas d'en haut ; elle est terrestre, psychique, démoniaque.*** De même, dans l'épître de Jude 19 : ***Ceux-là sont des diviseurs, des psychiques ; ils n'ont pas de souffle.***

Pélagianisme et nécessité

D'origine *bretonne,* probablement irlandaise, prolixe et vigoureux débatteur, Pélage fut le contemporain d'Augustin. Il est fixé à Rome vers 410. Quoique laïc, il groupe autour de lui différents disciples et notamment Célestianus qui répandra ses doctrines en Afrique.

Ce n'est pas parce que l'âme aurait une position intermédiaire entre le corps et l'esprit que Pélage affirme le libre arbitre de l'homme, mais parce que celui-ci serait doué de raison, que cette raison ne serait pas égarée par le péché originel (qu'il récuse) et que sa volonté le rendrait apte, sans le secours de la Grâce, à vivre dans le bien, la vertu.

Ces notions, apparentées au stoïcisme, sont évidemment incompatibles avec les Écritures bibliques si bien qu'on peut s'étonner que Pélage fût d'abord absous par le Concile de Diospolis, en 41. C'est sous la conduite d'Augustin que l'épiscopat africain récusa cette absolution et obtint d'Innocent, évêque de Rome, une double condamnation de Pélage et de son disciple (417). Mais le nouveau pape Zosime, Grec d'origine, succédant à Innocent, les disculpa dans un premier temps puis reconnut leurs erreurs. Pélage fut alors expulsé de Constantinople où il s'était réfugié.

Différents évêques s'employèrent alors, tout en se démarquant de l'hérétique, à conserver à l'homme une faculté d'autonomie dans la voie du salut. C'est ce qu'on a appelé le semi-pélagianisme selon lequel (très sommairement résumé) l'accès à la grâce implique d'abord un mouvement initial provenant de la volonté humaine : *initium bonnae volontatis,* qui a besoin ensuite de l'action divine pour se développer. Il s'ensuivit de multiples et intenses débats et aussi retournements de positions du siège romain, jusqu'au Concile d'Orange en 529, condamnant le semi pélagianisme en vingt-cinq canons[25].

[25] C'est cependant le semi-pélagianisme qui fut retenu par le Concile de Trente en se plaçant donc en contradiction avec celui d'Orange. Les polémiques retrouvèrent un regain d'intensité avec le jansénisme se réclamant d'Augustin et que le Siège romain condamna à trois reprises.

C'est de cette construction qu'Erasme se prévaut (II A 11) en parlant de *trois ou si vous préférez quatre grâces* : *...influx naturel... grâce particulière... gratium faciens... grâce coopérante*. Luther récuse cette *jonglerie verbale.* Il cite Es. 46,10 : ***Mes arrêts subsisteront et j'exécuterai toute ma volonté***, ainsi que Rom. 3,4 ; II Tim. 2,19 ; Tite 1,2 ; Rom. 4,21 ; Héb.11, 6, et affirme et réaffirme : *Dieu veut et fait nécessairement ce qu'il promet* (GL 96,97).

Il poursuit avec cette image (GL, 127) : *La volonté humaine placée entre Dieu et Satan est semblable à une bête de somme... Quand c'est Dieu qui la monte elle va là où Dieu veut qu'elle aille... lorsque Satan la monte, elle va là où Satan veut qu'elle aille. Elle n'est pas libre de choisir l'un ou l'autre de ces deux cavaliers.*

Observons que ce mal n'est pas seulement celui que nous commettons, mais aussi les maux dont nous souffrons, si on se réfère au livre de Job. On y voit Satan lançant à Dieu un défi et être autorisé à mettre Job à l'épreuve. On peut sur ce point consulter avec profit les sept sermons sur Job prononcés par Jean Calvin en 1554[26]. Le sixième en particulier qui expose qu'Abraham aurait subi des épreuves encore plus pénibles que celles qui ont affecté Job.

Ce qui arrive, arrive nécessairement (Matth.24) ***Il faut que ces choses arrivent****...*) l'événement est irrécusable en soi. Il vient, il est advenu, on ne peut que s'employer à y rechercher un sens, une portée. C'est là la différence entre le *fatum* et l'appréciation de la nécessité de par la volonté divine qui, aux yeux de la foi, nous délivre de l'absurde.

---

[26] Lyon, Editions Olivetan 2011

Qui ne s'est pas dit : « Si j'avais su... » devant une situation d'échec ou un mauvais choix ? Mais nous ne savions évidemment pas dans notre impossible connaissance de l'avenir et il est toujours vain de revenir sur le passé... sauf par le pardon et la repentance.

Notre impossibilité d'avoir prise sur l'avenir s'impose pour cette simple raison que la démarche consistant à vouloir le connaître implique qu'il soit inéluctable et que par conséquent, on ne saurait en empêcher le cours.

Certains thèmes littéraires montrent comment, en prétendant anticiper sur le futur, on n'aboutit qu'à en assurer mieux encore la réalisation. Ainsi Œdipe, pour conjurer la prédiction de l'assassinat de son père et de l'union avec sa mère, part au loin quand il est tout jeune si bien qu'il ne reconnaît pas ses parents lorsqu'il se trouve à nouveau en leur présence, ce qui assure la réalisation de la prédiction.

De même, quand l'oracle dit à Macbeth qu'il ne courra aucun danger tant que la forêt de Sherwood n'arrivera pas auprès de ses murs, il éprouve une certaine tranquillité... jusqu'à ce que les ennemis progressent camouflés par des branchages.

L'Ancien comme le Nouveau Testament mettent en garde contre les évocateurs d'esprits et les devins (Lev. 19,31 ; Deu.18, 10 ; Jos.13 ,22 ; Gal. 5,20...). Paul même fit taire une jeune servante (Actes 16,16) ***qui avait un esprit de Python*** et qui pourtant lui rendait hommage.

Ceci appelle un mot sur les ***Ourim et Toumim*** que portait le Sacrificateur, chef du sacerdoce, en son pectoral (Ex.

28,30). Certes, c'était une sorte d'instrument d'interrogation de l'Éternel, mais d'interrogation sur sa volonté afin de s'y conformer et non sur l'avenir pour s'en affranchir : (Nom. 27,21 ***le sacrificateur Eléazar qui consultera pour lui le jugement de l'Ourim devant l'Éternel…)***.

Il faut enfin se référer aux déclarations du Seigneur exemptes de toute ambiguïté : Mat. 5,36 : ***tu ne peux rendre blanc ou noir un seul cheveu*** et encore 10,29-30 : ***Ne vend-on pas deux passereaux pour un sou ? Cependant, il n'en tombe pas un à terre sans la volonté de votre père. Et même les cheveux de votre tête sont comptés.*** Idem dans Luc 12,7 et 21,18.

Pour tenter d'en écarter la parfaite clarté, Erasme les avait qualifiées tout bonnement d'*exagération* (III C10). Pour s'en justifier il avait fait référence à I Cor. 9,9 : *Est-ce que Dieu s'occupe des bœufs ?* Ce faisant, il détourne de sa signification le texte biblique disant littéralement : ***Car il est écrit dans la loi de Moïse : Tu n'emmuselleras point le bœuf quand il foule le grain. Dieu se met-il en peine des bœufs, ou parle-t-il uniquement à cause de nous ? Oui, c'est à cause de nous qu'il a été écrit que celui qui laboure…*** Ce qui signifie que c'est bien à nous-mêmes, humains, que se rapporte l'allégorie du bœuf et que c'est de nos cheveux qu'il s'agit bien dans Matth.5, 36 et pas seulement du bœuf ou du passereau. On a ici le choix de soupçonner Erasme d'avoir mal lu le texte biblique ou bien de voir dans un contre-sens volontaire, plus que de la légèreté, une tentative de supercherie. Nous reviendrons plus loin sur la nécessité.

VI
QUE RESTE T-IL DE NOS PRIÈRES ET DE NOS EFFORTS ?

À cette interpellation d'Erasme (IB 1-GF 474), Luther répond quant à la prière *: quand nous prions, nous prions par l'Esprit, ou plutôt c'est l'Esprit lui-même qui prie en nous (Rom 8,27). Comment donc l'effort du Saint-Esprit prouve-t-il la puissance du Libre Arbitre ? Ou bien le Libre Arbitre et le Saint-Esprit sont-ils pour la Diatribe une seule et même chose ?*

Prière et Esprit-Saint

La relation de la prière avec le Saint-Esprit n'est évidemment pas récusable. Outre Rom. 8,27 cité par Luther, relevons Luc 11,13 : ***s'il demande un œuf,*** (le père terrestre) ***lui donnera-t-il un scorpion*** *?...* ***à combien plus forte raison le Père céleste donnera-t-il le Saint-Esprit à qui le lui demande ;*** Actes 8,15 : ***Ils prièrent afin qu'ils reçussent le Saint-Esprit*** ; I Cor .14,15 *:* ***Je prierai par l'Esprit mais je prierai aussi par l'intelligence***. Jude 20 : ***Priant par le Saint-Esprit, maintenez-vous dans l'amour.***

L'encouragement à la prière figure parfois dans l'Ancien Testament mais est beaucoup plus fréquent dans le Nouveau : Luc 6,12 : ***Il (Jésus) passa toute la nuit à prier Dieu.*** Matth.26, 41 ; Marc 13,33 ; 14,28 *:* ***veillez et priez*** *;* Luc 21,36 ***Veillez donc et priez tout le temps*** *;* I Thes. 5,17 : ***Priez sans cesse,*** etc…

On pourrait y trouver une contradiction avec le texte de Matthieu 6,7 en relation avec le Notre Père : ***En priant ne***

multipliez pas de vaines paroles comme les païens qui s'imaginent qu'à force de paroles ils seront exaucés.

De plus ce qu'il faut bien appeler l'efficacité de la prière improvisée est tout autant déclaré et même promis : Matth.7, 7 : ***Demandez et on vous donnera*** ; Matth.18, 19 : ***Si deux d'entre vous s'accordent sur la terre pour demander une chose quelconque, elle leur sera accordée par mon père qui est dans les cieux. Car là où deux ou trois sont assemblés en mon nom je suis au milieu d'eux*** ; Marc 11,24 : ***Ce que vous demandez en priant, croyez que vous l'avez reçu, et vous le verrez s'accomplir ;*** I Jean 3,22 : ***quoique nous demandions nous le recevrons.***

Exaucement enfin assuré si la demande est faite au nom du Seigneur Jésus-Christ : dans l'Évangile de Jean (14,13) : ***Tout ce que vous demanderez en mon nom je le ferai*** ; 16.24 : ***jusqu'à présent vous n'avez rien demandé en mon nom. Demandez et vous recevrez, afin que votre joie soit parfaite.***

On peut observer tout d'abord, quant à cette apparente contradiction entre l'invitation à éviter de vaines paroles et l'exhortation à prier sans cesse, que le Notre Père est, si l'on peut dire, fait pour être dit quotidiennement. Par ailleurs, on peut prier sans cesse sans vaines paroles en disant et redisant le Notre Père.

L'inépuisable ouverture à méditations qu'il offre, la confession de foi par laquelle il commence (comme l'expose Chouraqui), la permanente remise en cause de notre relation avec le prochain qu'il appelle, son inscription dans l'instant et dans le temps, le renouvellement de nous-mêmes qu'on peut en attendre, font de l'Oraison dominicale une source d'eau vive jamais épuisée en son contenu et ses bienfaits. En son texte *Une manière simple de prier* pour répondre à une demande de son barbier-chirurgien, (L.F. t.VII, p. 203) Luther se confie ainsi : *aujourd'hui encore, comme un nourrisson, je tire substance du Pater Noster ; comme un adulte je la mange et la bois ; je ne saurais en avoir mon saoul.*

Il avait très largement commenté le Notre Père, non seulement dans le petit et le grand Catéchisme mais en de nombreux autres textes et sermons (références selon l'Édition de Weimar en sont données dans Œuvres, L.F. T. VI, en note, p. 193). Sans prétendre rien ajouter à la pertinence de ses commentaires nous voudrions proposer quelques réflexions en relation spécialement, un peu plus loin, avec la traduction de la prière du Seigneur offerte par Chouraqui.

Peut-on prier pour soi seul ?

Le premier mot au possessif pluriel est déjà riche d'enseignements. Sans doute lit-on dans Matth ; 6,6 : ***Quand tu pries, entre dans ta chambre, ferme ta porte, et prie ton père qui est dans le lieu secret…*** ce qui semblerait inciter à la prière solitaire, mais cette notion de recueillement isolé traite de l'attitude extérieure en renvoyant au tout début du chapitre 6 où Jésus fustige l'ostentation des Pharisiens dans l'exercice de leurs dévotions. Si donc, certes, on peut prier seul, on ne doit pas prier pour soi seul. Le Notre Père implique d'entrée le prochain pour ce simple fait que devant l'aimer comme nous-mêmes, il n'est plus concevable que nous priions pour notre seul avantage. Prononcé comme prière liturgique, le ***nous*** vise certes la communauté dont on est membre mais sans exclusive. Il n'est pas sans intérêt de s'aviser mentalement du contenu donné à ce ***nous*** en le prononçant en quelque situation que ce soit. Luc donne pour l'invocation initiale simplement ***Père,*** mais c'est bien à la première personne du pluriel que lui aussi formule les trois demandes, objet de la seconde partie.

Vient ensuite l'invocation de Dieu, ***Père céleste***. Cette interpellation est constante dans le nouveau Testament. Présente aussi mais plus rarement dans l'Ancien (Deu. 32, 6 ; Psa. 68 et 89, ainsi qu'en Isaïe 63, 16, et aussi Jérémie et Malachie). En Jean 8, 41, à propos de la liberté, après avoir revendiqué la paternité d'Abraham, des juifs surenchérissent et déclarent : ***nous avons un seul père, Dieu,*** mais Jésus leur répond : ***Si Dieu était votre père, vous m'aimeriez***. Dans l'Ancien Testament, on est ***fils de…*** et on constate une vive prédilection pour les généalogies les plus détaillées. À l'inverse, dans le Nouveau Testament, il n'est donné que peu de précisions sur l'ascendance des disciples et apôtres.

Prononcée avec désinvolture, cette interpellation ***Notre père céleste*** pourrait être bien présomptueuse et en tout cas ingrate. On peut évoquer à ce propos la violente apostrophe de John Bunyan (Bedford 1628 – 1688. Il fut influent dans les milieux anabaptistes) :

« Il se peut que ta prière principale soit « Notre Père qui es aux cieux. » Peux-tu vraiment crier « Notre Père » avec les autres Saints ? Es-tu né de nouveau ? As-tu reçu l'Esprit d'adoption ? Es-tu vraiment en Christ et peux-tu venir à Dieu comme un membre du Christ ? Ou, ignorant toutes ces choses, oses-tu dire Notre Père ? Le diable n'est-il pas Notre Père (Jean 8.44), ne fais-tu point les œuvres de la chair ? Et cependant, tu oses dire à Dieu « Notre Père » ? N'es-tu pas un persécuteur acharné des enfants de Dieu, ne les as-tu pas maudits souvent dans ton

cœur, toléreras-tu que de ta gorge blasphématoire sortent des mots tels que « Notre Père » ? Il est le Père de ceux que tu hais et persécutes. Nous lisons dans Job 1.6-7 que Satan se présenta lui-même parmi les fils de Dieu quand ils vinrent se présenter devant le Père. Ces apostrophes s'accompagnent cependant ensuite de propos qui rejoignent parfaitement celui de Luther, dans sa réponse à Erasme, ainsi : *Nous devons prier avec la force et l'aide du Saint-Esprit pour les choses promises par Dieu, selon sa parole, pour le bien de son église, avec soumission dans la foi et la volonté divine.* Et encore : *Nous devons prier avec la puissance et l'insistance de l'Esprit pour les choses promises par Dieu.*

La version Chouraqui du Notre Père

Les trois premiers articles qui suivent l'invocation préliminaire sont généralement qualifiés de « demandes ». Ils sont formulés effectivement comme tels, en tout cas comme des vœux, dans la version des différentes liturgies catholique, orthodoxe ou protestante et c'est assez étonnant car, en quasi-totalité, les commentateurs exposent que ni dans leur sens littéral, ni dans leur incidence théologique, il ne peut s'agir vraiment de demandes. Tous conviennent que lorsque nous disons ***Que ton nom soit sanctifié***, nous exprimons une tautologie car Dieu seul est saint et lui seul peut apporter sanctification à son nom. De même, lorsque nous disons ***Que ton règne vienne***, c'est une certitude puisque la promesse nous en a été faite par le Seigneur. Lorsque nous disons ***Que ta volonté soit faite sur la terre comme au ciel***, il ne peut en être autrement s'agissant de la volonté de Dieu tout-puissant. Ainsi, dans son commentaire de Matthieu 6.9, la TOB indique : *Puisque Dieu est le saint par excellence, elle (la demande) ne peut signifier qu'on ajoute quoi que* *ce soit à sa sainteté ; mais elle indique qu'on reconnaît, qu'on manifeste ce qu'il est, qu'on lui rend gloire...*

Même commentaire de la TOB pour la troisième « demande » : Le lien de cette demande avec les deux premières indique qu'il s'agit tout d'abord de la réalisation par Dieu de sa volonté de faire venir son règne.

C'est bien aussi l'explication qu'en donne Luther dans le petit Catéchisme : *Le nom de Dieu est saint par lui-même... Le règne de Dieu s'établit de lui-même... La bonne et miséricordieuse volonté de Dieu s'établit dans le monde sans le secours de nos prières...* Mais il garde cependant la formulation habituelle par concession à l'usage.

Dans la traduction qu'en donne Chouraqui, ces trois premiers articles ne sont plus du tout exprimés comme des demandes mais constituent une confession de foi :... ***ton nom se consacre, ton royaume vient, ton vouloir se fait, comme au ciel sur la terre aussi***. Il en fait de même dans le texte donné par Luc. Il faut relever que cette formulation confère bien sa pleine justification au serf arbitre.

On notera aussi qu'on ne trouve plus, que dans Segond, cette doxologie finale qui est aussi une confession de foi : ***Car c'est à toi qu'appartiennent dans tous les siècles le règne, la puissance et la gloire.*** L'École de Jérusalem et la TOB l'excluent, comme aussi Chouraqui. La raison en est qu'elle ne figure pas dans les deux textes les plus anciens que nous connaissions du Nouveau Testament, le Codex Vaticanus retrouvé au 15ème siècle et le Codex Sinaïcus découvert en 1864, tous deux transcrits vers le milieu du quatrième siècle. Mais si on l'élimine tout en laissant aux trois premiers articles le sens d'une requête, on prive alors le Notre Père de sa déclaration de foi. C'est donc Chouraqui qui est en accord avec lui-même, comme avec les textes scripturaires, et aussi avec le Traité du serf arbitre, la doxologie n'ayant lieu d'être exclue que lorsque les trois premières « demandes » forment et constituent une confession de foi et qu'il n'y a pas lieu, alors, de la réitérer avec la doxologie.

Le lien étroit entre confession de foi et prière est relevé par Karl Barth. Dans le T.IV de sa Dogmatique, p. 89, il écrit : *Précisément, à cause de leur racine commune dans la connaissance de Dieu, la prière et la confession de la foi sont, entre elles, comme l'inspiration et l'expiration, comme la cistole et la diastole.* Ce rapport d'alternance apparaît clairement dans la version du Notre Père selon la traduction de Chouraqui, en deux suites de trois articles : confession de foi d'abord et demandes effectives ensuite.

(Le Shema Ysrael de Deu.6, 5 ; 11,13 et 30,6) : ***Tu aimeras l'Éternel ton Dieu de tout ton cœur, de toute ton âme, et de toute ta pensée,*** et (faisant référence à Lév.19, 34) et ***le second qui lui est semblable, tu aimeras ton prochain comme toi-même.*** Et le Seigneur précise : ***de ces deux commandements dépendent toute la loi et les prophètes***[27].

---

[27] Le texte de Lévitique 19,18 que cite le Seigneur employant le mot ***prochain*** dans son sens universel s'accompagne, dans son contexte, d'une distinction entre ***Juifs*** et ***Étrangers***, que Chouraqui traduit par ***Métèques*** (et qui est particulièrement tranchée en Lév. 25,46) puis d'une assimilation avec le verset 34. Jésus écarte toute différence avec la parabole du bon Samaritain. À la question d'un docteur de la loi : ***mais qui est mon prochain ?*** le Seigneur désigne l'ennemi intime et abhorré, dont la désignation était synonyme de suppôt de Satan, citoyen de l'ancienne capitale du royaume d'Israël, conquise par Sargon II, qui mêlaient des pratiques idolâtres au culte mosaïque, ne

Le pain de l'esprit

L'article suivant, quatrième, du Notre Père, ***Donne-nous notre pain quotidien***, revêt, lui, la signification d'une véritable demande liée au plus élémentaires de nos besoins. Mais la plupart des commentateurs font observer que le terme grec, pouvant être traduit par l'adjectif ***quotidien*** *(epioussion),* peut aussi être compris comme signifiant super-substanciel et viser la nourriture spirituelle. Ainsi, si Luther n'évoque pas cette acception dans le petit catéchisme, il s'en explique clairement dans le grand : *Tu dois dire oh ! père donne-nous notre pain quotidien, c'est-à-dire oh! Père réconforte et fortifie-moi, pauvre humain par ta parole divine... Ce petit mot « quotidien » se dit en langue grecque epioussion ; on l'a expliqué de diverses manières. D'aucuns disent qu'il signifie pain surnaturel, d'aucuns : pain élu et particulier, d'aucuns, suivant la langue hébraïque : pain de demain... Premièrement, cela signifie un pain surnaturel parce que la Parole de Dieu ne nourrit pas les hommes selon le corps et d'une façon naturelle dans leur condition mortelle, mais les nourrit en vue d'une existence immortelle, surnaturelle... ainsi que le Christ l'exprime, en disant :* ***Celui qui mangera de ce pain, vivra éternellement***[28].

À plusieurs reprises, le Seigneur nous exhorte à ne pas nous soucier de la nourriture et des vêtements, ainsi dans Matth.6, 26 : ***les oiseaux du ciel... les lys des champs... Cherchez d'abord le royaume et sa justice et le reste vous***

---

reconnaissait pour vrai dans les Écritures que le Pentateuque et célébrait, sur le mont Garizim, un culte schismatique.

[28] L'excellent et érudit Dictionnaire universel du pain (Robert Laffont, collection Bouquin) à la rubrique Panis angelicus, justifie son titre en faisant écho à Luther.

sera donné de surcroît. La notion de quotidienneté, en ce qu'elle implique de trouver dans le présent l'œuvre de la Grâce agissante, écarte la tentation de prétendre défier la puissance divine par l'accumulation de provisions. L'injonction faite aux disciples envoyés en mission : ***ne portez ni bourse ni sac*** (Luc 10,4) en est une illustration.

Le pardon, la force d'aimer

Lorsque l'on est parvenu, si l'on y parvient, selon le premier terme du plus grand commandement repris de Deu.6, 5 en Matth.22, 37, à aimer l'Éternel, de tout notre ***cœur,*** toute notre ***âme,*** de toutes nos ***forces,*** de toute notre ***intelligence,*** on peut se demander ce qui resterait en nos facultés pour le prochain. Mais nous n'avons plus à sacrifier des holocaustes pour recevoir le pardon comme l'exigeait la loi mosaïque. Nos aptitudes concrètes, nos choix matériellement exprimables sont disponibles pour notre prochain, au point que, si nous sommes dans l'abondance, nous sommes invités à vendre tous nos biens et à donner l'argent aux pauvres pour suivre le Seigneur. C'est ainsi que le pardon comme preuve de l'amour du prochain doit trouver sa réalisation dans les faits selon le cinquième article.

Il marque ce qu'il y a de défi, quasiment de provocation, dans le Notre Père : Pardonne-nous nos offenses comme (ou encore *car* ou *puisque* selon Segond ou Chouraqui) nous pardonnons aussi à ceux qui nous ont offensés. Comment pouvons-nous avoir l'imprudence et l'impudence de demander le pardon de Dieu dans la mesure, ou en conséquence, du pardon que nous accordons à nos offenseurs ?

Tout d'abord, et comme l'expose O.Cullmann : *La prière dans le Nouveau Testament (Ed. Cerf),* il ne peut être question d'une sorte de marchandage selon lequel Dieu serait obligé de nous pardonner dès l'instant où nous aurions nous-mêmes accordé le pardon. Cette demande appelle donc un esprit de pardon permanent… auquel on n'a jamais fini de s'appliquer. Car ce pardon ne procède pas, ne peut pas procéder d'une simple déclaration plus ou moins superficielle de notre part. Le pardon ne trouve sa signification, sa réalité, que dans l'application de l'exhortation du sermon sur la montagne en Matthieu 5,44 : ***aimez vos ennemis, bénissez ceux qui vous maudissent, faites du bien à ceux qui vous haïssent et priez pour ceux qui vous maltraitent et vous persécutent.*** C'est seulement selon cette effectivité factuelle que le pardon trouve son authenticité.

Aimons-nous nos ennemis, bénissons-nous celui qui nous maudit, faisons-nous du bien à celui qui nous hait, prions-nous pour celui qui nous persécute ?

Aussi difficile que soit un tel exercice du pardon, il existe pourtant un moyen de relever le défi selon l'exigence de Matth.5, 44 , c'est d'en demander à Dieu sa participation en priant le Seigneur qu'il éclaire et qu'il guide nos ennemis, nos persécuteurs. Si leur vindicte procède du mal, Dieu voudra peut-être alors les en rendre conscients et mettre ainsi un terme à leurs persécutions à notre encontre. Peut-être même pourrons nous nous aviser ou plutôt être avisés, si nous en demandons aussi pour nous-mêmes la faveur, que nous ne sommes pas toujours irresponsables de la vindicte de nos ennemis.

Paul nous dit la puissance du pardon en Rom.12,20, reprenant Prov.25, 21-22 disant qu'en faisant du bien à nos ennemis nous assemblons des charbons ardents sur leur tête. Bien évidemment nous devons l'ignorer quand nous pardonnons car autrement c'est sur notre tête que les charbons pourraient s'assembler.

Nous devons nous employer à assumer ce pardon car il est l'acte le plus difficile mais aussi le seul notoire de l'amour pour notre prochain, encore une fois sans calcul, sans recherche de réciprocité. Car il ne s'agit pas d'un sentiment mais d'une force, la force d'aimer que nous n'avons pas naturellement et que nous devons donc demander dans la prière.

Et c'est en cette force d'aimer préalablement accordée (et non par le pardon lui-même impossible sans cette force) que nous recevrons le pardon promis en Matthieu 6.14 **:** ***si vous pardonnez aux hommes leurs offenses, votre Père Céleste vous pardonnera aussi ; mais si vous ne pardonnez pas aux hommes, votre Père ne vous pardonnera pas non plus vos offenses***. Et ceci est repris encore dans Matth.18, 21 et également proclamé en Marc 11,25, Luc 6,37, Jean 20,23. Différent de la compassion bouddhiste, il est l'apanage de la foi chrétienne. Il est en relation avec la liberté. Il est la réfutation de l'enchaînement du mal pour le mal. Il marque le passage de l'Ancien Testament, du talion, au Nouveau, formellement affirmé aussi dans le Sermon sur la montagne (Matth.5, 22-44**) :** ***vous avez entendu qu'il a été dit aux anciens… Mais moi je vous dis***… six fois proclamé.

La commisération, la compassion invoquées et même éprouvées mais demeurant dans l'abstraction, procèdent d'un mouvement de l'âme mais non de l'esprit qui (et c'est un bien heureux paradoxe) implique, exige ici du réel. Cette nécessaire relation de l'Esprit avec le corps est illustrée d'abord par la configuration de l'Église, corps du Christ, par la communion dans la Sainte Cène, ainsi que par tout ce qui, dans les Évangiles, se rapporte au pain, au vin, aux guérisons, aux banquets et à l'hospitalité.

C'est dans l'amour vécu, agi selon le Sermon sur la montagne, touchant le corps par le secours effectif à celui qui est proche, accompagné par la prière, que résident les œuvres de la foi et qui donnent à l'amour son authenticité spirituelle, en actes et même en actes silencieux si l'on peut dire. (Matthieu 6,3 : ***Mais toi, quand tu fais l'aumône*** (Chouraqui traduit ***exerçant ta justification)*** ***que ta main gauche ignore ce que fait ta main droite***).

Ce que l'on dit, (ou croit) faire par amour indépendamment de la foi, est suscité par une séduction circonstancielle, par une complicité de goûts ou d'opinions, selon laquelle, en réalité, on se complaît en sa propre image par la connivence qu'on y trouve, ou qu'on en attend, aux yeux d'autrui (Jean 5,44 : ***vous qui tirez votre gloire les uns des autres…*** ou encore Rom. 15,1 : ***Nous les forts, nous devons porter les faiblesses des non-forts et non pas nous complaire en nous-mêmes***).

Les actes de solidarité organisée, voire même de charité collective, peuvent être le fait d'une compassion sincère, mais ils n'affranchissent pas de la relation et, au besoin, du secours à celui qui est là, à côté ou sur notre chemin. .

Seule la foi inspire l'amour désintéressé. Les relations humaines sont naturellement fondées sur la convoitise et la rivalité, le rapport dominant – dominé. L'amour sans esprit de possession est contre nature et n'appartient qu'à Dieu qui seul peut donc le conférer. ***Il n'y a de bon que Dieu seul*** (Marc 10,18).

Ce second terme du grand commandement : ***Tu aimeras ton prochain comme toi-même*** (Matthieu 19,19 ; Marc 12,31 ; Luc, 10 , 27) est déclaré ***semblable*** au premier relatif à l'amour pour Dieu. Cela ne signifie pas qu'ils soient interchangeables (comme s'il suffisait d'aimer son prochain), mais ils sont indissociables.

Par ailleurs, il est certain qu'il faut s'aimer soi-même pour prétendre aimer son prochain, mais s'aimer comment ? On peut s'aimer soi-même de façon qu'en son égoïsme, on n'ait plus aucun égard pour les autres. Le ***comme*** n'est donc assurément pas quantitatif mais qualificatif.

Il faut sur ce point se reporter à la ferme position tant de Luther que de Melanchthon subordonnant l'amour à la foi et affrontant ainsi la *Réfutatio* (contestation de la Confession d'Augsbourg rédigée par des représentants des États catholiques) qui, elle, prétend donner à l'amour une vertu salvatrice indépendamment de la foi. Luther vise aussi l'amour pour le prochain dès ses 97 thèses théologiques et philosophiques de sa *Controverse sur la théologie scolastique,* art. 26 et 27 (G. P.123) : *l'acte d'amitié n'est pas la disposition la plus parfaite de faire ce qui est en soi-même, ce n'est pas la disposition la plus parfaite à la grâce de Dieu, ni la manière de se convertir à Dieu et de s'approcher de lui – Mais c'est l'acte d'une conversion déjà parfaite, acte postérieur à la grâce par le temps et par la nature.* Il réitérera cela par la suite.

Le prochain, celui qui est proche de façon plus ou moins permanente et aussi occasionnellement, celui qu'on croise dans la rue ou sur la route et à l'égard duquel notre mode de fréquentation se traduit par la ***pensée du cœur***, qui peut avoir l'équivalence d'un acte, lui voulant et souhaitant la paix.

On peut ajouter, sur cette impérieuse obligation de parvenir à accorder le pardon à notre prochain si nous voulons être pardonnés, qu'on peut y trouver une explication à notre condition terrestre, (on peut dire aussi séjour, passage, exil… : ***des passants et des émigrants sur terre***, Héb.11, 14) ou en tout cas quelque éclairage sur son sens et sa portée. Car, puisqu'il est impérieux que nous pardonnions pour être pardonnés, nous ne serions jamais pardonnés si nous n'avions pas d'offenseurs à qui accorder ce pardon.

Il en va ici comme du pauvre, de l'opprimé ou de l'affligé dont nous avons besoin, en les secourant personnellement, pour entrer dans l'amitié du Seigneur (Mat. 25,35). Et ce n'est pas du cynisme d'alléguer que c'est – notamment – pour cela qu'il y aura toujours des pauvres parmi nous (Deut. 15,11 ; Matthieu 26,11 ; Marc 14,7 ; Jean 12,8).

Cela ne veut évidemment pas dire qu'il faudrait se complaire dans les gifles et les persécutions. Il ne saurait s'agir, dans le Sermon sur la montagne, d'un quelconque masochisme propre à stimuler le zèle de nos persécuteurs, mais la seule démonstration de notre refus de rendre le mal par le mal, de notre réel passage de l'Ancien au Nouveau testament, après quoi, ayant fourni ce témoignage, nous devons chercher protection pour nous-mêmes et les nôtres – car il s'agit toujours de faire obstacle au mal – par toutes voies qui ne soient pas celle de la vengeance.

L'épreuve, les puissances et la délivrance du mal.

Le dernier article : ***ne nous induis pas en tentation, mais délivre-nous du malin,*** pour Segond et l'École de Jérusalem en Matth.6, 13, a fait l'objet d'autres traductions. Chouraqui donne ***ne nous fais pas pénétrer dans***

l'épreuve, mais délivre-nous du criminel. Dans l'*Explication du Notre Père*, Luther indique (L.F 196) : *Si le petit mot tentation n'était pas si usuel, il serait bien préférable et plus clair de dire : ne nous induis pas dans l'épreuve.* Et c'est par référence à *épreuve* qu'il consacre la suite de ses commentaires. Du livre de Job, dont Luther fait état, il résulte que c'est de Dieu qu'il dépend que nous nous trouvions ou pas dans l'épreuve. La requête finale laisse à penser que l'on ne peut y échapper, ni même ne pas y succomber. Il n'y aurait pas lieu d'en être délivré si nous n'étions pas en son pouvoir.

Oscar Cullmann expose, dans l'ouvrage mentionné plus haut, qu'on a parfois voulu dissocier en deux parties le sixième article pour donner au Notre Père une composition idéale en sept versets, (et c'est ce à quoi se conforme Luther dans le ***Petit catéchisme*** et dans l'***Explication du Notre Père***), mais la construction grammaticale grecque n'autorise pas d'autre possibilité que de conserver la finale comme appartenant à un sixième et seul article, la seconde partie venant à l'appui de la première. Lorsque nous serons délivrés du mal, alors nous n'aurons plus lieu d'être soumis à l'épreuve.

Si Luc en 11,4 omet ***mais délivre-nous du mal,*** il exprime exactement le premier terme de la demande : ***ne nous induis pas en tentation*** (ou ***ne nous fais pas pénétrer dans l'épreuve*** selon Chouraqui).

Comme le troisième article, ce sixième redit la toute-puissance du Seigneur. L'un et l'autre, l'un avec l'autre, donnent toute sa signification à l'aphorisme d'Augustin qu'Erasme reproche à Luther de propager. Dieu n'est pas le tentateur, mais c'est lui et lui seul qui régit l'exercice de la tentation. C'est ce qu'illustrent les deux premiers chapitres de Job déjà mentionnés, et selon le ch. X, ver.14, le cri pathétique de Job dans sa détresse : ***Si ce n'est lui, qui donc ?***

Il s'agit de l'office des ***puissances*** et ***dominations*** visées en Rom. 8,38, ou encore Eph.6, 12 ; de cet ***archonte de la puissance de l'air*** en Eph.2, 2 (trad. Chouraqui) ou encore ce ***souffle contaminé*** dont il est bon de ne pas être débarrassé trop vite de crainte qu'il ne revienne avec des acolytes et que ***la condition de cet homme (***ne devienne) ***pire que la première*** : Matth. 12,43. Ce texte de Matthieu, et d'autres, illustrent l'ambiguïté de certaines puissances qui, pouvant être mauvaises, ou en tout cas n'être pas « bonnes » en elles-mêmes, revêtent une fonction qu'on pourrait dire instrumentaire, outil d'édification. Elles n'opèrent pas seulement sur terre : ***les esprits méchants dans les lieux célestes*** : Eph.3, 6 et 6,12,

Ce peuvent être aussi des puissances bienfaisantes : ***ils sont puissants en force*** : Ps.103,20 ; ***se réjouissent de la conversion des pécheurs*** : Luc 18,7 ; ***supérieures en force et en puissance :*** 2 Pier. 2,11 ; des ***dons de l'esprit en son pouvoir… édifiant et consolant*** : Ps.51,13, Zac. 4,6 ; Matth.22, 43 ; Rom.5, 5 ; ; I Cor. 2,4 ; II Cor. 1,4 – 3, 18 ; Eph.3, 16 etc.

Un mot sur ce point quant aux petits enfants dont les ***anges (…) voient continuellement la face de mon père qui est dans les cieux*** (Matth. 18,10), souvent invoqué à l'appui de la notion d'ange-gardien. Quand ils grandissent et perdent leur innocence, qu'en est-il ? Leur accompagnement angélique change-t-il ou disparaît-il ?

Ces puissances ne sont pas autonomes mais subordonnées au Seigneur-Christ : Luc 10,17. O. Cullmann en son ouvrage *Dieu et César,* déjà cité, expose que les États eux-mêmes sont sous l'empire des *puissances*[29]. Il écrit, dans *Histoire du salut*[30]*: Elles sont les êtres invisibles qui d'une façon ou de l'autre se trouvent – non pas certes comme intermédiaires mais bien comme agents du regnum Christi – à l'arrière-plan de l'histoire du monde*[31]. Dans le même sens on pourra lire un propos de Soljenitsyne, page 98, note 40. Car, nous permettons-nous d'ajouter, cette histoire du monde n'est rien d'autre que celle de la délivrance du mal.

Cette exposition des hommes à l'empire des puissances, suscitant crainte ou piété, s'exprime dans toutes les religions sous diverses formes. Elles sont révérées comme divinités innombrables et souvent ambigües dans l'hindouisme dont elles caractérisent et orientent les différents courants de ferveur. Les Égyptiens donnaient à leurs représentations une tête animale. Bien que sujets à dévotion, les dieux de l'Olympe sont agités des passions humaines où la duplicité tient bonne place.

Ce que proscrivent les textes bibliques, c'est de les interposer entre la créature et le Créateur. C'est le premier article du décalogue : ***Tu n'auras pas d'autre Dieu devant ma face.*** Seul le Seigneur peut être invoqué pour chasser les démons (Matth, 6,24). Les puissances, même désignées comme bonnes, secourables, n'y sont jamais présentées comme étant à la discrétion de l'homme, ni susceptibles

---

[29] C'est par la seule invective que Bultmann le conteste, (Relevé par Cullmann p.99).

[30] Delachaud et Niestlé

[31] C'est le dualisme, la part d'autonomie du mal, professé par les Cathares, qui a motivé leur condamnation. Voir entre autres nombreuses études : René Nelli, augmenté par Anne Brenon : *Écritures cathares.* Ed. du Rocher 1994.

d'être par lui mises en œuvre. Lorsqu'elles interviennent favorablement, elles sont désignées comme ***envoyés… messager… annonciateur*** (Gén.16,7 ; II Rois 1,3 ; Matth.1, 20 ; Luc 1,2 ; 1, 26 ; Heb.1, 14 ; Act.5, 19 ; 8,26 etc.…). Si elles sont les instruments de la miséricorde divine, elles ne sont pas autonomes mais procèdent à la seule instigation du Seigneur qui exerce sur elles son empire (… ***après s'être soumis les messagers, les autorités et les dynamismes*** ; I Pierre 3,22, trad. Chouraqui).

L'église catholique romaine n'encourage plus le culte des saints patrons que le concile de Trente faisait reposer sur une figuration de mérites accumulés dont le détenteur était censé pouvoir disposer à sa guise en faveur de ses dévots. C'était une forme de polythéisme, de paganisme.

*
* *

On peut exprimer d'autres prières que le Notre Père qui ne sont pas illicites pour autant, mais il est un bon moyen de s'aviser de leur validité en se demandant si elles peuvent s'inscrire dans le contexte de l'oraison dominicale. Pour cette raison, il est remarquable que, dans la liturgie traditionnelle, elle soit prononcée en final, juste avant la Sainte Cène, car les prières que l'assemblée, son ministre ou tels fidèles peuvent avoir d'abord faites seront ainsi corrigées par le Notre Père, si elles n'étaient pas de bonne inspiration.

Cette efficacité de la prière déclarée par l'Évangile fait dire à Tertullien que *la prière seule peut vaincre Dieu.* Mais qui peut se proclamer *vainqueur de Dieu* ? L'Ancien Testament, dans certaines versions, donne ce titre à Jacob.

Chouraqui donne pour traduction *lutteur d'El.* Sa victoire a consisté à recevoir la bénédiction de l'ange envoyé par l'Éternel pour l'éprouver, et lui a valu d'être rendu boiteux (Genèse, 32,25).

Dans son traité *Des bonnes œuvres* de 1520 (G.F. 437), Luther évoque l'exhortation de Saint Bernard : *Mes frères, ne méprisez jamais votre prière comme si elle était vaine ; car je vous déclare en vérité, qu'avant que vous l'ayez formulée, elle est déjà inscrite au ciel et munissez-vous de cette certitude en Dieu que votre prière sera exaucée, ou, si elle ne l'est pas, qu'il ne vous eût pas été bon ou profitable qu'elle le fût*[32].

Relevons que la prière spontanée, tant d'action de grâce que requérante, est rarement dissociable d'un fait, événement ou situation qui l'inspire, la suscite, en est l'incitateur.

Les Évangiles font souvent état du recueillement de Jésus dans la prière. Or, sauf pour les actions de grâce rituelles (Matth.14, 19 ; Jean 6,11 ; Matth. 26,26 ; Luc 24,30), ou pour mettre en évidence un signe aux yeux de la foule (Jean 11,22), il se retire pour cela seul dans un lieu isolé. Ainsi dans Matth.14, 23 : ***Il monta sur la montagne pour prier à l'écart*** ; ou Luc 5,16 : ***et lui il se retirait dans les déserts et priait ;*** ou Luc 6,12, : ***en ce temps-là, Jésus se rendit sur la montagne pour prier où il passa toute la nuit à prier Dieu. Quand le jour parut, il appela ses***

---

[32] C'est dans un *Cinquième sermon pour le carême* que Bernard exprime cette exhortation. On peut en trouver le texte dans : *Œuvres complètes de Saint Bernard,* traduction nouvelle par l'abbé Charpentier, Lib. Louis Vives, 1867, en huit volumes, tome trois, page 114.

disciples, et il en choisit douze auxquels il donna le nom d'apôtres ; ou encore Jean 6,15 (après la première multiplication des pains et avant qu'il marche sur les eaux) : ***sachant qu'ils allaient venir l'enlever pour le faire roi, se retira de nouveau sur la montagne, lui seul*** ; ou encore Jean 7,53 , : ***et chacun s'en retourna dans sa maison. Jésus se rendit à la montagne des oliviers.*** Une exception, cependant, pour la prière dite sacerdotale en Jean chapitre 17, prononcée en présence des apôtres, mais visant toute la chrétienté : ***ce n'est pas seulement pour eux que je te prie mais encore pour tous ceux qui croiront en moi par leur parole.***

Cela illustre l'intimité entre le Père et le fils, montrant que cette relation n'est pas à notre portée. On lit en Jean 14,6 : ***nul ne vient au Père que par moi***. Ainsi, si le Notre Père s'adresse à Dieu, c'est par la prière que nous a enseignée Dieu le fils, et c'est bien pourquoi c'est en son nom qu'il nous faut prier.

Le nom

Ainsi, nous faut-il revenir à la toute-puissance de la prière dès lors qu'elle est exprimée au ***nom*** du Seigneur selon le quatrième Évangile (Jean 14,13 : ***tout ce que vous demanderez en mon nom je le ferai***). Comment peut-on comprendre que quelque demande qui serait faite en ces termes soit assurée d'être exaucée ? Il faut relever tout d'abord que cette promesse a été faite aux apôtres, ce qui cependant ne limite pas forcément à eux sa portée. Il faut ensuite s'interroger sur la signification de l'expression ***en mon nom***. La notion de ***nom,*** dans la Bible en général, comporte une notation de force. Il est d'abord celui de Dieu dans l'adresse du Notre Père. Il est le critère et le seul critère de ce qui est. Ce qui n'a pas de nom n'existe pas et, dans l'Ancien Testament, ce qui est nommé est identifié à son nom selon un destin marqué par les circonstances de son origine : tous les fils de Léa et de Rachel, Moïse : *Sauvé des eaux*..., ou encore, selon la vocation qui leur est assignée (quasiment tous les prophètes, ou encore Ariel, *nom de Dieu*, Baruch *bénédiction*, David *bien aimé,* Étienne *couronné*, Jacob *qui prend le talon,* Job *adversité, etc*...)

Le nom peut aussi changer en cours d'existence selon une évolution particulière de la vocation de son titulaire : Abram en Abraham : *Père d'une multitude,* son épouse Saraï *ma princesse en* Sara *princesse* (comme mère, dit-on de cette multitude, mais son enlèvement par Pharaon peut-il être écarté de la réflexion ?). Jacob : *Qui supplante,* et puis Israël, *lutteur* ou *vainqueur de Dieu, Pierre* en Simon, S*aül* en *Paul*....

À sa naissance on « crie » (selon la traduction Chouraqui) le nom du nouveau-né. Ainsi lorsque l'on prie au nom du Seigneur et Sauveur Jésus-Christ, on exprime une confession de foi, au Messie et en sa parole. Il ne suffit donc évidemment pas de dire la formule mais de la dire en son dessein de conformité avec tout à la fois le nom et la parole de Celui dont on se réclame. C'est ce qu'exprime Jean 15,7 : ***Si vous demeurez en moi* et *si mes dires demeurent en vous, demandez ce que vous voudrez et cela viendra pour vous.*** C'est en tout cas ce dont nous devons nous aviser avant de prononcer ce sésame.

On sait d'ailleurs que l'invocation du nom de Jésus, dans une démarche de pur mécanisme, de sorcellerie, exempte d'adhésion à sa seigneurie, est particulièrement dangereuse. Les démons ne s'y trompent pas (Act.19, 13) qui se chargent de molester l'imposteur.

Par contre, l'invocation du nom de Jésus, sans mandat de l'Église, mais pour chasser les démons, n'est pas illicite (Luc 9, 49).

Nos efforts, la parabole des talents et le temps

C'est évidemment les efforts qu'il associe aux œuvres – pour lui méritoires – qu'évoque Erasme. Luther réfutant amplement par ailleurs toutes notions de mérite, il n'y revient donc pas.

La parabole des ***Talents*** ne contredit pas cette exclusion du mérite et des œuvres dans l'économie du salut. Elle est deux fois relatée dans les Évangiles, en Matth.25, 14 et, avec variante, parlant de ***Mines***, mais en fournissant le même enseignement, en Luc 19, 12, et aussi, en sa simple leçon conclusive, en Marc 4,25. Certes, les dépositaires de richesses ont (sauf un) déployé des efforts pour faire prospérer la fortune qui leur était confiée, mais ces pactoles[33] ne furent pas attribués en fonction des *mérites* de chacun mais ***selon sa capacité*** de les faire valoir, et ce n'est pas au plus méritant mais au plus riche, qu'a été dévolu le talent demeuré stérile.

Il faut prolonger un peu notre réflexion sur le contexte scripturaire selon lequel se déroulent ces apparentes spéculations financières, pour en venir à ce qui est recouvert par l'image des Talents et des Mines. Tout d'abord en Luc 19,11 : ***oui, il était près de Jérusalem et ils croient que le royaume de Dieu apparaîtra soudain, il dit donc : un homme bien né****....* C'est donc afin de détromper la foule croyant qu'elle va assister à la fin des temps, que le Seigneur exprime la parabole.

---

[33] Environ trente- cinq kilos d'or pour un talent.

Cette impatience de la fin des temps a cependant perduré. Paul déjà mettait en garde Timothée à l'égard de Hyménée et de Philète, ***qui se sont détournés de la vérité, disant que la résurrection est déjà arrivée*** (II Tim. 2,17).

Il en est encore de même aujourd'hui puisque, pour ne pas récuser l'eschatologie tout en l'affranchissant d'une trop longue attente, C.H. Dodd la dit *réalisée* ; J.M Robinson *anticipée ou imaginée.* Óscar Cullmann en son ouvrage *Dieu et César,* au chapitre trois, dit l'eschatologie *en cours de réalisation.*

Et pourtant le seigneur a clairement lié la parousie, à la prédication préalable de la parole sur toute la terre, et ce alors qu'une faible partie seulement en était encore connue. Ainsi, Marc16, 15 : ***allez par le monde et prêchez la bonne nouvelle à toute la création.*** En Matth.28, 19 : ***cette bonne nouvelle du royaume sera prêchée dans le monde entier pour servir de témoignage à toutes les nations. Alors viendra la fin.*** Or, il a fallu vingt siècles pour que l'Évangile soit porté dans le monde entier et grâce non seulement au zèle des prédicateurs, mais aussi à tous les talents de ceux qui ont permis et permettent cette propagation : audace des explorateurs, providentielle inspiration des inventeurs de la boussole, du sextant, de l'imprimerie. Encore cette extension géographique n'est-elle que le commencement de la fin puisqu'il est précisé en Marc 13,10 : ***Il faut premièrement que la bonne nouvelle soit prêchée à toutes les nations.***

Mais encore, mais aussi de quels temps devant s'achever s'agit-il ? De celui qui aurait surgi avec le big-bang, il y aurait plus de 13 milliards d'années ? Ceci est parfaitement soutenable selon Jean 17,24 : ***parce que tu m'as***

aimé avant la fondation du monde, ou encore Matth. 25,34 : ***venez vous qui êtes bénis de mon père, prenez possession du royaume qui vous a été préparé dès la fondation du monde*** ; et I Pierre 1,20 :… ***prédestiné avant la fondation du monde et manifesté à la fin des temps.*** Ou de celui qui s'est écoulé depuis la première apparition de la vie biologique sur notre planète, environ, dit-on, 500 millions d'années ? Et, même si on le décompte depuis l'Homo sapiens lorsqu'il a acquis la maîtrise du feu et, partant, l'instrument premier et toujours actuel de son emprise sur la nature (emprise à quoi l'exhorte Genèse1, 28), soit entre 500.000 et 800.000 ans, selon les estimations actuelles, la fin des temps pourrait encore se faire attendre tout en demeurant proche. On ne peut en effet exclure du champ de la réflexion la dérangeante observation d'Auguste Comte : *l'humanité est faite de plus de morts que de vivants.* Les temps et les lieux non bibliques sont, bien entendu, inscrits dans le plan divin. Pierre encore en sa seconde épître 3,9 : ***il est patient pour vous, ne voulant pas que quelques-uns soient perdus mais que tous parviennent au retour.*** Il avait paraphrasé au début du verset les termes du psaume 90 : ***à ses yeux mille ans sont comme un jour.***

Laissons à chacun de rechercher à sa façon comment comprendre le reproche fait à celui qui a eu peur de n'avoir pas remis son talent au banquier.

La leçon finale : ***Car on donnera à celui qui a mais à celui qui n'a pas on ôtera même ce qu'il a***, n'est nullement choquante mais parfaitement en accord avec Jean 3 , 27 : ***L'homme ne peut rien recevoir qui ne lui ait été donné du ciel***, repris par Paul selon son apostrophe en I Cor. 4,7 **: *Qu'as-tu que tu n'aies reçu ?*** Ainsi le talent demeuré stérile n'a pas été pris mais repris. De plus, la parabole met en pièces la platitude de l'idéologie égalitaire. La parabole de l'Ouvrier de la dernière heure (Matth. 20, 1) et celle de l'Enfant prodigue (Luc 15,11) lui font le même sort. L'Évangile n'est pas égalitaire car les dons de l'Esprit sont divers et multiples et accordés selon la capacité de chacun à les faire valoir (Rom. 12,4 ; I Cor. 12,7-11

VII
LA DOCTRINE DES DEUX RÈGNES

Il est nécessaire d'évoquer ce qu'on a l'habitude d'appeler la *Doctrine des deux règnes.* Luther, dans le Traité du Serf arbitre, s'y réfère à plusieurs reprises (GF p.201, 249, 446, 451…). Ceci va de soi car les deux enseignements sont complémentaires, indissociables, on pourrait même dire qu'ils n'en font qu'un seul car, notre volonté étant serve, c'est selon la doctrine des deux règnes qu'il peut être, et qu'il est, rendu compte de notre liberté de croyant et tout autre voie d'approche verse fatalement dans le pélagianisme ou le semi-pélagianisme.

Il faut rappeler en quoi elle consiste[34]. C'est un indiscutable enseignement biblique et qui s'inscrit dans l'histoire caractérisée par l'affrontement entre les hommes, les factions, les nations. C'est une notoire illustration de **la *division*** que le Seigneur déclare venir donner sur la terre (Luc 12,51) : ***Pensez-vous que je sois venu apporter la paix sur la terre ? Non vous dis-je, mais la division. Car désormais cinq dans une maison seront divisés, trois contre deux et deux contre trois, le père contre le fils, le fils contre le père, la mère contre la fille…*** (idem Matth.10, 35). Rivalité, donc, des humains les uns contre les autres. Mais aussi partage vertical : Matthieu 22,21, comme aussi en Marc 12,17 et en Luc 20,25 : ***Rendez donc à César ce qui est à César et à Dieu ce qui est à Dieu*** ou encore Jean, tout le chap. 17 et aussi Jean 18,36 : ***Mon Royaume n'est pas de ce monde.*** Les affrontements sont donc propres au monde et trouvent leur affranchissement dans la conversion : ***Je vous laisse la paix, je vous***

---

[34] Voir aussi sur ce point au chapitre XI l'évocation de la main.

donne ma paix, je ne vous la donne pas comme le monde donne (Jean 14,27). Mais, cependant, unique et égale maîtrise de Dieu sur les deux règnes en Jean 19,11 ***: Tu n'aurais sur moi aucun pouvoir s'il ne t'avait été donné d'en haut.***

Wilbert Kreiss propose une présentation de ces deux règnes en ces termes[35]:

Aux termes de cette doctrine, Dieu exerce un double règne : le règne de puissance en vertu duquel tout lui appartient, par lequel il gouverne l'univers tout entier et fait concourir toute chose à l'accomplissement de son destin (Psaumes 46,59-12 ; 102,25 -27 ; Esaïe 44,47 ; Matthieu 28,18). C'est le règne dans lequel le Seigneur déverse sur ses créatures toutes ses bénédictions matérielles. Il fait se succéder les saisons, fait alterner la pluie et le beau temps, bénit et multiplie la semence répandue dans les champs pour qu'elle nourrisse hommes et animaux. Il donne aux hommes l'intelligence qui leur permet d'aller de découvertes en découvertes, de toutes utilités bénéfiques pour guérir les maladies, faciliter le travail des hommes et leur procurer les meilleures conditions de vie. Il veut en particulier que règnent l'ordre, l'équité et la justice, que soient secourus les pauvres et les faibles, protégés ceux qui font le bien et châtier les malfaiteurs. Luther appelait cela la main gauche de Dieu. Pour l'exercer il a établi en particulier des magistrats et des gouvernements qui ont pour mission de prendre la défense de ceux qui s'acquittent fidèlement

---

[35] *Petite dogmatique luthérienne,* Octobre 2002. Ce texte a l'avantage de la concision, mais l'étude exégétique la plus riche sur cette question est l'ouvrage d'O.Cullmann *Dieu et César* que nous évoquons ci-dessus.

de leurs devoirs, de châtier les malfaiteurs et de veiller à la justice, l'équité, la paix, la liberté et les droits légitimes de chaque humain. C'est pourquoi il est nécessaire que toute personne soit soumise aux autorités supérieures, car il n'y a point d'autorité qui ne vienne de Dieu et les autorités qui existent ont été instituées de Dieu. C'est pourquoi celui qui s'oppose à l'autorité résiste à l'ordre que Dieu a établi et ceux qui résistent attireront une condamnation sur eux-mêmes (Romain 13,12) ; voir encore Romain 13,37 ; I Timothée 2,1 ; I Pierre 2,13-14. Pour accomplir leurs tâches, les autorités édictent des lois et veillent à leur application. Dieu se sert d'elles (...)

Puis il existe cet autre règne que Dieu exerce par la prédication de l'Évangile. Règne intérieur caractérisé par la grâce par laquelle le Seigneur gagne les cœurs avec les promesses de son pardon et de son salut et vient habiter en eux. Puisque c'est l'église chrétienne qui a été chargée de prêcher l'Évangile, c'est à travers elle qu'il l'exerce. Celle-ci assume donc sur les âmes et les consciences le pouvoir spirituel de Dieu. Par contre l'église n'a aucun pouvoir sur les corps. Et tandis que l'État gouverne par la loi naturelle inscrite dans les cœurs et promulguée dans les codes civil et pénal, l'église gouverne par les promesses de l'Évangile et a pour seule mission d'instruire les hommes par la parole de Dieu et de les inviter au salut par la foi en Jésus-Christ. Le réformateur appelait ça la main droite de Dieu. L'église luthérienne a toujours insisté sur le fait que ces deux règnes doivent être distingués avec soin. Toute ingérence de l'État dans les affaires de l'église, et inversement, doit être proscrite comme contraire à la volonté du Seigneur.

La description qui est faite ici du pouvoir séculier ne signifie pas que l'humanité vivrait, grâce à lui, dans une tranquille satiété. C'est seulement la vocation .matérielle du pouvoir séculier qui est ici visée et non ses détenteurs. Si ceux qui gèrent les nations n'avaient de soucis que le service des peuples, quelles belles sociétés seraient les nôtres ! Mais il faut que le monde soit monde avec toutes ses turpitudes, cupidités, hypocrisies, rivalités, violences, cruautés… Luther dit bien à la fin de la troisième partie du Traité du serf arbitre : *Dieu gouverne ce monde temporel dans les choses extérieures de telle façon que si l'on se conforme au jugement de la raison humaine, on est obligé de dire que Dieu n'existe pas, ou bien qu'il est injuste* (G.F. 451).

Bien que ce qu'il est convenu d'appeler *doctrine* des deux règnes soit exposé dans l'Art. XXVIII de la confession d'Augsbourg et de son Apologie, et encore développé dans : *De l'autorité temporelle et des limites de l'obéissance qu'on lui doit,* adressé par Luther au prince Jean, duc de Saxe en 1523, elle n'a pas fait de la part de Luther l'objet d'un traité didactique sous ce titre comme il en est pour le serf arbitre. Ceci amène à préciser que Luther ne se donne pas pour doctrinaire. Il ne prétend pas apporter un ensemble théologique achevé et systématique telle la *Somme* de Thomas d'Aquin ou l'*Institution chrétienne* que Jean Calvin proposera sommairement puis développera, ou encore la *Dogmatique* de Karl Barth. Il n'emploie d'ailleurs jamais lui-même le mot de doctrine pour désigner ses textes, même lorsqu'ils sont fermement structurés. Il parle de ses *livres*.

Il laissa à Melanchthon le soin de rédiger la *Confession d'Augsbourg* et son *Apologie*. Il ne prétend pas résoudre toutes les questions que nous pouvons nous poser en tant que croyants et qui ne seraient pas élucidées par les Écritures.

Cela n'empêche pas que sa pensée théologique soit d'une parfaite cohérence et unité parce que christocentrique. Il déclare dans sa *Préface aux Épîtres de Jacques et de Jude* : *Tous les livres sacrés ont en commun qu'ils prêchent et inculquent le Christ. Ceci est l'épreuve véritable par laquelle nous jugeons tous les livres lorsque nous les examinons pour savoir si oui ou non ils inculquent Christ. Car toutes les écritures nous montrent le Christ (Rome 3, 21)... Tout ce qui n'enseigne pas le Christ n'est pas apostolique même si c'était Saint-Pierre ou Saint-Paul qui l'enseignaient. Encore une fois, tout ce qui prêche le Christ serait apostolique même si Judas, Pilate ou Hérode le faisait.*

De même refuse-t-il qu'on se dise luthérien : *je demande qu'on taise mon nom et qu'on ne s'appelle pas luthérien, mais chrétien. Qu'est-ce que Luther ? La doctrine n'est pas de moi. De même je n'ai été crucifié pour personne (...), comment se pourrait-il qu'on ose employer mon nom à moi, pauvre corps puant et destiné aux vers, pour désigner les enfants du Christ, mon nom à moi en qui il n'y a point de salut*[36]*?*

Sa référence constante aux écritures biblique ne procède pas d'un attachement superstitieux à la lettre. Il rappelle que le monde bibliques a été vivant puis relaté oralement avant d'avoir été écrit, que la transcription peut ne pas restituer toujours parfaitement ce qu'il en fut, et qu'il est bon de rechercher derrière l'écrit ce qui a été vécu et dit. À la fin de sa vie, il a mis en garde contre un abus de l'interprétation allégorique des textes bibliques à cause du

[36] Cité par Martin Brecht, Encyclopedia Universalis

risque qui s'y attache d'une dénaturation, voire d'une mise en doute de leur sens littéral et de leur historicité.

Le pape Gelas

Pas plus que pour le serf arbitre, Luther n'est novateur quant à la conception des deux règnes. Dès la fin du cinquième siècle, en 494, le pape Gelas Ier tenta d'en définir les domaines et prérogatives respectifs pour clarifier ses relations avec l'empereur Anastase de Constantinople, en distinguant l'*auctorictas* des pontifes de la *potestas* du pouvoir royal. Il fut aussi l'adversaire du manichéisme et du pélagianisme.

Guillaume d'Ockham (1290-1349), insistant sur la contingence propre au politique, expose que le seul fait que Dieu ait voulu que les deux pouvoirs fussent exercés par deux instances différentes, comme en témoigne l'Écriture, suffirait à légitimer les deux règnes. Divers théologiens se sont inspirés de lui (Jean Huss, John Wyclif…) et Luther a reconnu qu'il était, en cela, *de la secte d'Ockham.*

Des théologiens protestants, au dix-neuvième siècle, ont tenté d'insérer l'idéal religieux dans le système politique. Tout particulièrement en Allemagne, A.Tholuck (1799 - 1877) contemporain de Hegel et proche de sa pensée, W.Vatke (1806-1882)[37] et d'autres s'y sont employés ou en ont débattu, rejetant ainsi implicitement ou explicitement la doctrine des deux règnes. Divers ouvrages, essais, doctrines ont depuis été consacrés à ce sujet spéculant sur la compatibilité des deux domaines. C'est de la confronta-

---

[37] W. Watke est un des protagonistes de l'école critique pour l'Ancien Testament.

tion entre le matériel et le spirituel, le corps et l'esprit, le physique et le métaphysique, le temporel et l'éternel, ou encore de l'implication ou de l'exclusion du second terme dans le débat, que procède au départ la réflexion.

Il semble bien que ce soit la sédentarisation qui entraîne la séparation du politique et du religieux, (le religieux étant appelé à unir, *relier* des croyants entre eux et leur communauté avec son Seigneur). L'obéissance à la Torah sous l'autorité de Moïse et Aaron (lui-même complice du veau d'or), contestée de manière endémique par le peuple, n'a pas survécu à la période du désert. Juges puis Rois se sont imposés progressivement à côté des Prophètes et des Sacrificateurs avec la distribution des terres. Le mot politique, en son étymologie, évoque la cité.

Bien entendu, depuis Constantin, l'interaction entre les deux instances est clairement illustrée en notre histoire occidentale puis mondiale. De manière amplement civilisatrice (pas toujours, mais avec quel éclat en bien des domaines), lorsque l'Église a éclairé le politique. De manière dénaturant la vocation spirituelle de l'Église quand celle-ci s'est laissé ou se laisse entraîner dans la cupidité, la facilité démagogique, ou les idéologies séculières.

Les diverses *Pragmatiques sanctions* émanant des rois (Saint-Louis, 1268, Charles VII, 1438...) pour affirmer leurs prérogatives face au Siège romain, comme les *Concordats* issus des négociations entre les deux pouvoirs (tels l'empereur Henri V et Calixte II en 1122, François Ier et Léon X en 1516, Bonaparte Ier consul et Pie VII en 1801) ont, au fil des temps, illustré l'affirmation de leurs vocations respectives entre nécessités contingentes et vocation spirituelle. Les lois de séparation de l'Église et de l'État constituent pour l'État une déclaration d'indépendance, mais n'interdisent pas aux églises le prosélytisme.

Lorsqu'on prétend soumettre la gestion du siècle à un livre que l'on dit révélé, ceci aboutit aux plus aveugles et sauvages persécutions sinistrement d'actualité. La confusion devient tout aussi démente lorsque des idéologies politiques empruntent à la mystique et deviennent fanatisme : nazisme, marxisme, communautarisme. De même, mais à l'inverse, lorsque le religieux veut récuser le politique : Münster et la révolte des paysans.

Les deux pouvoirs sont donc nécessairement co-existants, complémentaires, mais pas solubles l'un en l'autre.

Luther s'exprimait, alors que empereurs, rois ou princes se proclamaient tous chrétiens en Europe et qu'il n'y avait pas de différence dans les mentalités ni les convictions affichées entre gens du siècle et gens d'église. Les mœurs convenues, le droit des personnes ne différaient pas de la législation canonique. L'église sacralisait le pouvoir impérial avec le couronnement et en échange en recevait serment de protection. Il y avait là un rapport harmonieux qui pouvait estomper, voire rendre inutile, la conception des deux règnes. Il faut donc relever la lucidité du Réformateur, dans la compréhension des textes bibliques, dont l'enseignement trouve son illustration quels que soient la mentalité des peuples ou leur régime politique du moment, selon des conjonctures aussi différentes que celles du seizième siècle en Europe, comparées à la laïcité de l'État dans tous les pays de tradition chrétienne de nos jours. Même pertinence de la doctrine des deux règnes de nos jours en des systèmes totalitaires où, convenablement entendue, elle a permis à certains, en des situations tragiques, de conserver à l'Église le sens et l'exercice de sa vocation lui permettant alors, et lui faisant même obligation, de réfuter le pouvoir séculier.

Irénée de Lyon

Quant à la désignation des *deux mains de Dieu*, on en trouve déjà une expression au deuxième siècle de notre ère avec Irénée de Lyon (Asie mineure vers 150 – Gaule ? fin du siècle). Rappelons que, tout jeune il fut le disciple de Polycarpe, lequel avait été au début de sa carrière en relation avec les derniers contemporains du Seigneur. Irénée fut à la tête de l'église de Lyon vers 177. Son considérable ouvrage *: Contre les hérésies. Dénonciation et réfutation de la gnose au nom menteur* (Ed.Cerf*)* est d'une déjà riche connaissance biblique. Divers courants gnostiques se répandaient dangereusement à l'époque et il était urgent d'en préserver l'Église. L'un des thèmes gnostiques les plus propagés mettait en cause l'unicité divine invoquant un *plérôme* supérieur au dieu créateur. Irénée en expose d'abord objectivement les différentes expressions à travers Saturnin, les Ebionites, les Orphites, les Valentiniens et autres, qu'il réfute en deux premières parties, consacrant les troisième et quatrième à la *Vérité des écritures* telle qu'elle résulte de l'Ancien et du Nouveau Testament. Certes, c'est le Fils et l'Esprit qu'il désigne respectivement comme chacune des mains de Dieu (V, 6,1) mais, tenant la vie terrestre pour une œuvre de création continue (V, 28,4 : *c'est pourquoi durant tout ce temps l'homme modelé au commencement par les mains de Dieu, je veux dire par le fils et par l'esprit, devient à l'image et à la ressemblance de Dieu*) c'est à l'Esprit qu'il attribue le perfectionnement de l'homme en son devenir :... *lorsque cet Esprit, en se mélangeant à l'âme, s'est uni à l'ouvrage modelé, grâce à cette effusion* *de l'Esprit, se trouve réalisé l'homme spirituel et parfait et c'est celui-là même qui a été fait à l'image et à la ressemblance de Dieu.*

S'il n'y a donc pas identité dans la formulation de cette conception des deux mains de Dieu entre le propos d'Irénée et celui de Luther, il n'y a pas non plus de contradictions car c'est bien, selon Luther aussi, par la conversion, l'accueil de la grâce, de l'Esprit-Saint, œuvrant par la droite que se réalise la promesse du salut.

La doctrine des deux règnes constitue donc, comme et avec le Traité du serf arbitre, le clair rejet d'un dualisme quelconque, qu'il soit gnostique, ou manichéen. La chrétienté n'est pas du monde mais elle est dans le monde et doit y être car elle en est la ***lumière... le sel de la terre... le levain qui fait lever la pâte.*** Reprenant le thème de l'art. XVI de la confession d'Augsbourg, Luther est particulièrement net quant au devoir du chrétien *de l'obéissance qu'on lui doit,* déjà cité : *Tu as le devoir de te mettre au service du glaive et de lui venir en aide avec tout ce qui est en son pouvoir, qu'il s'agisse de ton corps, de tes biens, de ton honneur et de ton âme. Car c'est là une œuvre dont toi sans doute n'as nul besoin, mais qui est de la plus grande utilité pour le monde entier et pour ton prochain. Si donc tu voyais qu'on manque de bourreau, d'appariteurs, de juges, de seigneurs ou de princes et si tu te sentais qualifié pour cela, tu devrais alors offrir tes services et briguer un de ces postes pour que l'autorité qui est nécessaire ne soit pas méprisée, ne s'affaiblisse pas et ne disparaisse pas ; car le monde ne peut s'en passer.*

Il est tout autant rigoureux quant au devoir du chrétien en son comportement personnel en application du sermon sur la montagne, déclarant au paragraphe suivant : *en ce qui te concerne toi-même tu t'en tiendras à l'Évangile et tu te conduiras selon la parole du Christ, en offrant volontiers le deuxième soufflet, concédant le manteau en sus de la tunique, chaque fois qu'il s'agit de toi-même et de ta propre cause. Ainsi donc les deux principes peuvent fort bien se concilier, tu rempliras ton devoir à la fois vis-à-vis du royaume de Dieu et du royaume du monde.*

Il n'y a donc pas coupure ou distorsion dans la conscience et le comportement du croyant. C'est toujours à la lumière de l'Évangile qu'il doit considérer toute situation et c'est pourquoi son obéissance au pouvoir temporel ne peut aller jusqu'à le contraindre à agir contre sa conscience. Des faits d'histoire sont significatifs. Ainsi, la lutte vendéenne contre le serment imposé aux *prêtres jureurs,* comme aussi *l'Église confessant* de la *Déclaration de Barmen* (nous y reviendrons plus loin*)* sont de véritables cas de figure. Dans les deux situations, c'est du refus de l'intrusion du pouvoir séculier dans la mission spirituelle de l'Église qu'il s'agit. Pour Luther l'Église ne doit pas porter le glaive pour elle-même mais a un devoir de protestation contre tout pouvoir politique prétendant intervenir dans l'exercice de sa vocation.

S'il en est de même du croyant pour ses propres affaires, il en va autrement lorsqu'il s'agit *des autres*. Ainsi précise-t-il :*... nul chrétien ne doit porter le glaive ni faire appel à lui pour lui-même et pour ses propres affaires... lorsqu'il s'agit d'un autre, il peut et doit le porter et faire appel à lui afin que la méchanceté soit réprimée et la piété protégée* (L.F IV p. 24). Il ne prétend pas soumettre l'Église et les chrétiens à un statut de martyres permanents et considère les devoirs du chrétien au regard de trois ordres État, Foyer et Église, le foyer entrant dans la catégorie des autres ou autrui, à qui il est dû soutien et protection en cas d'agression, au besoin par la juste force ou les tribunaux. Cela met en cause l'interprétation de Luc 22,38, à l'intervention des Apôtres : ***Seigneur, voici deux épées***, Jésus répond : ***Cela suffit*** selon Segond et ***C'est assez*** selon Chouraqui. A-t-il voulu ainsi rompre l'entretien ou valider un usage particulier de chacun des deux glaives ?

Cela mène aussi à réfléchir à la notion de guerre juste qu'évoque en son principe le traité *Les soldats peuvent-ils être en état de Grâce ?* de 1526. Ce n'est pas la fonction de soldat qui peut faire débat car elle est clairement justifiée par le Baptiste en Luc 3,14 : ***ne commettez ni extorsion, ni fraude envers personne et contentez-vous de votre solde.*** Luther ébauche une distinction entre guerre offensive et guerre défensive, mais tous les agresseurs ou presque se déclarent offensés et prétendent se défendre. De plus, est-il possible, en cas de guerre, même juste s'il en est, de ne pas commettre ou se montrer complices de fraudes et d'extorsions ? Comment alors trancher entre le pacifiste et le patriote pouvant être amenés à se confronter au nom d'une même foi ? Ici, comme en bien d'autres situations, le croyant est renvoyé à sa liberté et à la responsabilité qui en découle.

Qu'en est-il à l'inverse de l'action de l'autorité spirituelle à l'égard du siècle ? Si le pouvoir séculier peut recevoir la prédication, il ne peut pas, en tant qu'institution, en être la cible. Le monde ne peut recevoir la conversion qu'en cessant d'être le monde, car il n'y a pas de société chrétienne mais une chrétienté qu'on peut appeler Église, des communautés qu'on peut appeler paroisses et des croyants baptisés qu'on peut appeler chrétiens. Dans la deuxième partie du traité *De l'autorité temporelle...*

Luther déclare fermement : *c'est pure folie que de vouloir forcer les gens, par des lois et des ordonnances, de professer telle ou telle croyance.* Il dit par ailleurs de façon tout aussi claire qu'*on ne peut pas gouverner le monde avec les principes du sermon sur la montagne* parce que ceux-ci sont à la fois contre-nature et incompatibles avec l'ordre public[38].

La position de Calvin est autre. On lit dans *L'institution de la religion chrétienne,* tome IV, chap. XIV : *Afin que donc d'obvier à ces inconvénients nous avons à noter qu'il y a double régime en l'homme, l'un est spirituel par lequel la conscience est instruite et enseignée des choses de Dieu et de ce qui appartient à la piété. L'autre est politique ou civile, par lequel l'homme est pourvu des offices d'humanité et civilité qu'il faut garder entre les hommes. Vulgairement on a de coutume de les appeler juridiction spirituelle et temporelle : qui sont noms assez propres par lesquels il est signifié que la première espèce de régime appartient à la vie de l'âme et que la seconde sert à cette présente vie non pas pour nourrir ou vêtir les hommes mais pour constituer certaines lois selon lesquelles les hommes puissent vivre honnêtement et justement les uns avec les autres, car la première a son siège en l'âme intérieure ; cette seconde seulement forme et instruit les mœurs extérieures. Que les lecteurs donc me permettent d'en appeler l'une Royaume spirituel et l'autre Civil ou politique. Or, comme nous les avons distinguées, il nous*

[38] Rappelons que, pour s'y opposer, Karl Marx prétend que l'homme n'est pas déchu et esclave du mal mais naturellement bon et seulement perverti par le capitalisme bourgeois. Mais invoquer la nature n'avance à rien car celle-ci n'est ni bonne ni mauvaise mais indifférente, ne répondant que de la seule loi de sélection des espèces. De plus, quelle serait la puissance déterminante de cette nature ayant besoin de la révolution prolétarienne pour retrouver son empire ?

les faut considérer chacune à part et ne pas les confondre ensemble.

Ce texte pourrait être lu comme faisant justice succinctement à la doctrine des deux règnes, mais ceci n'est pas confirmé concrètement dans des choix décisifs marquant la carrière de son auteur. On sait en effet qu'en 1536, se rendant de Paris à Strasbourg, les hasards du voyage l'obligèrent à un détour par Genève sans qu'il eût aucun dessein d'y séjourner. Mais Guillaume Farel le supplia de demeurer à ses côtés pour conforter l'établissement de la Réforme que le Conseil de la ville avait instituée. Il finit par y consentir, rédigea une confession de foi et exigea qu'elle soit souscrite par tous les citoyens de la ville. Ceci suscita de vives controverses parmi les Genevois... Ce furent finalement les opposants qui eurent gain de cause et Calvin quitta Genève. Cependant, quatre ans plus tard, en 1540, les courants d'opinions s'étant inversés, le Conseil chargea Farel de rappeler Calvin qui tarda mais revint. Dès son arrivée, il entreprit la rédaction de ses Ordonnances et de son Catéchisme. Imposer la signature d'une déclaration de foi à toute une population est en contradiction avec les propos de Calvin ci-dessus rapportés. On trouve le même désaveu de sa position écrite dans la participation que prit Calvin à la condamnation au bûcher de Michel Servait[39].

Cependant, les deux règnes ne sont pas étanches, sans communication de l'un à l'autre. Luther s'adresse aux détenteurs du pouvoir séculier pour leur édification personnelle. Dans son adresse *À la noblesse chrétienne de*

---

[39] La doctrine de la prédestination de Calvin ne peut, comme le font certain auteurs, être aussi attribuée à Luther, qui la tient à l'écart, notamment dans son *Sermon sur la préparation à la mort (*GP. p.257)

la nation allemande de 1520 (G.P 591), il brosse un tableau sur quoi doit porter la réforme de l'Église et ce dont un concile, qu'il appelle de ses vœux, devra traiter. C'est en outre à la noblesse *chrétienne* qu'il s'adresse. L'Église est en droit, et même dans l'obligation, de donner avis au siècle en matière de mœurs mais sans s'immiscer dans l'exercice de son pouvoir à moins qu'il prétende empiéter sur son autorité spirituelle.

Ainsi donc le kérygme (à la fois prédication de la parole et témoignage sous quelque forme que ce soit) ne consiste pas à modeler la société mais à édifier les personnes. La foi en elle-même et, dans sa portée, la révélation, relèvent de l'intimité personnelle de l'être, comme l'expose pertinemment le professeur Jean Brun cité ci-après.

Comment, dès lors, s'exerce la volonté divine dans le siècle ? Quels sont les gestes de la *main gauche* du Seigneur ? Quels instruments emploie-t-elle ? Nous l'avons vu déjà, c'est d'abord de par le pouvoir conféré au règne temporel, assuré par la force contraignante (le glaive) faite pour maintenir chacun (y compris bien évidemment les chrétiens) dans le respect de la loi civile. Il est cependant bien entendu que ce pouvoir n'a en soi aucun effet d'édification spirituelle sur les croyants dont la conviction et la conduite ne ressortissent qu'à l'Évangile. Le pouvoir séculier n'est pas non plus par lui-même voie ou source d'édification à l'égard des non-croyants qui s'y soumettent par contrainte. C'est ici un premier aspect de la *nécessité*. Obéiraient-ils par civisme qu'on resterait dans l'ordre du monde, de l'organisation matérielle, distributive, de la collectivité. C'est ce que Luther désigne comme *: ce qui est extérieur, impôts, péages, honneurs, crainte.* Il avait précisé peu avant : *Car en dehors du gouvernement spirituel du Christ, personne ne peut* *devenir juste devant Dieu par le moyen du gouvernement temporel.*

Mais il y a encore ce qui échappe à toute volonté humaine, ce qui procède de la distinction que fait Luther entre *le Dieu prêché* et *le Dieu caché* en déclarant : *Dieu fait beaucoup de choses qu'il ne nous révèle pas par sa parole. Il veut aussi beaucoup de choses dont sa parole ne nous révèle pas qu'il les veut.* On est ici dans le plein domaine de la *nécessité,* de l'ouvrage coordonné des deux mains qui touche, affecte, interpelle chaque homme, tous les hommes, tout groupe, toute faction, chaque peuple, tous les peuples, c'est-à-dire du déroulement de l'histoire, de l'incidence certaine, aussi diverse qu'elle puisse être, de l'évènement sur tout un chacun selon la manière dont il est reçu, vécu, dont il y est répondu[40].

C'est ce que Hegel semble résumer en disant : *La nécessité, la nature et l'histoire ne sont que des instruments de la révélation de l'Esprit.* Il faut cependant préciser que, bien que donnant une majuscule à Esprit, il ne s'agit pas, pour lui, du Saint-Esprit car il parle dans la perspective idéaliste d'un État mondial. Cette position participe à ce qu'on a appelé l'équivoque hégélienne. L'ancien étudiant en théologie à Tübingen et brillant professeur à Berlin estime en effet que l'Église aurait manqué à sa vocation qui serait de réaliser le christianisme

---

[40] Durant une conversation avec l'auteur allemand Daniel Kehlmann (Le Figaro 1er déc. 2006) Alexandre Soljenitsyne déclara : *Et la nécessité ou l'absurdité des souffrances dépendent de la capacité des gens et des peuples à en tirer les leçons. Pour parler de l'histoire du monde en général, je considère que, si la révolution russe n'avait pas eu lieu, une autre révolution semblable aurait inévitablement ébranlé le mondes.*

en ce monde, cette mission appartenant dès lors à l'État, et il critique du même coup la séparation des deux instances.

Augustin n'avait pas commis cette sécularisation de l'eschatologie dans sa *Cité de Dieu.* Relevant un jeu d'incidences réciproques des deux cités l'une sur l'autre, c'est bien cependant avec la réalisation de la parousie, l'avènement du Royaume céleste, que s'achève l'exposé de sa conception de l'histoire.

Il y a un parallélisme entre la Cité de Dieu et la Doctrine des deux règnes mais, alors qu'Augustin s'efforce d'interpréter l'histoire – celle seulement des événements connus en son temps et pour le seul monde restreint alors exploré – selon les écritures bibliques, Luther tout en plaçant aussi les deux règnes sous le seul empire de la volonté divine en conçoit l'exercice au regard de la condition humaine, quels que puissent en être le temps et le lieu, étant entendu qu'elle est vécue autrement, selon qu'elle est niée dans l'incroyance ou reçue dans la foi.

Dans son ouvrage intitulé *L'actualité de la doctrine luthérienne des deux règnes,* publié en 1912 [41] , le professeur de la faculté de théologie protestante de Montpellier, Jean-Louis Leuba, expose comment ce qu'il appelle *L'anthropologie chrétienne sécularisée* a brouillé une claire compréhension de la question, de même pour l'humanisme chrétien sécularisé qu'il qualifie de *pseudomorphe de l'Évangile.* Distinguant le politique se rapportant au for externe de l'Évangile se rapportant d'abord au for interne, il déclare : *Dès que l'Évangile est institutionnalisé, on peut être certain que ce n'est plus d'Évangile qu'il s'agit.* Il rappelle la formule de Luther :

[41]Aubier, Ed. Montaigne

c'est pourquoi il importe de bien distinguer ces deux formes de gouvernement et de les laisser subsister toutes les deux, l'une qui rend paisible (l'évangile) et l'autre qui assure la paix par des moyens extérieurs (la politique). Aucune d'elles ne saurait suffire à elle seule dans le monde. Et il conclut : *Je me permets de penser que les églises d'aujourd'hui à tout le moins seraient bien inspirées de rappeler cette distinction aux humanistes chrétiens sécularisés. Encore faudrait-il qu'elles commencent par se la rappeler elles-mêmes.*

Les droits de l'homme

Nous sommes ainsi naturellement amenés à évoquer le sens et la portée des droits de l'homme. Que les États dressent des déclarations les définissant, c'est de leurs devoirs dès lors que cela peut contribuer à la paix et à la prospérité des peuples. Plus les États-nations sont nombreux à souscrire une même déclaration, plus grande, peut-être, en principe, son efficacité, et on ne peut que saluer à ce titre celle que l'Assemblée générale des Nations unies à votée le 10 décembre 1948, ou encore la Convention européenne des droits de l'homme du 4 novembre 1950. Mais leur efficacité est subordonnée à l'intervention d'une force contraignante propre à les faire respecter, ce qui tient à la relation adéquate entre la justice et la force idéalement évoquée par Pascal, déjà bien difficile à réaliser à l'intérieur des États et plus encore dans les relations entre États. Enfin, toutes les déclarations des droits de l'homme visent à être universelles, sans préciser de quel homme elles parlent, selon quelle conception de l'être humain elles s'expriment. On se trouve donc ici dans l'ordre du règne séculier, du monde en ses contingences.

Quand bien même le nom de Dieu serait inscrit dans telle déclaration, toutes trouvent nécessairement leur fondement, leur raison d'être, ailleurs que dans l'Évangile, pour cette simple raison qu'autrement la charte devrait se résumer en une seule phrase : « L'Évangile de Jésus-Christ est notre règle de conduite ». Ce serait évidemment inacceptable pour les non-croyants et totalement inefficace pour le gouvernement de la cité. Tout ce qu'on pourrait y ajouter ne ferait que frelater, contester, trahir la Parole de Dieu et serait donc tout aussi inacceptable pour les chrétiens.

Un colloque à Rome

Un colloque conjoint fut organisé par le *Centre international d'études humanistes* et l'*Institut d'études philosophiques* de Rome, en juillet 1978, sur le thème *Religion et politique*. Différents participants s'employèrent à contester ce qu'ils appellent la dualité entre religion et politique, affirmant la possibilité d'une sorte de synthèse par leur interpénétration. Cette thèse ne peut relever que de l'abstraction imaginaire. Le professeur Raimondo Panikkar[42] dans son exposé Religion et politique, se prête à cette tentative au prix d'un étrange exercice de style. Ayant d'abord évoqué la propension des deux instances à prévaloir l'une sur l'autre, il déclare : *la relation peut aussi être ontonome, c'est-à-dire d'interdépendance constitutive régie par la nature même de la religion et de la politique en tant que deux éléments d'une même réalité humaine. J'ai développé ailleurs ce concept d'autonomie en le distinguant de l'hétéronomie (monolithique) et de l'autonomie (atomiste)...* Qu'est-ce que cela peut bien vouloir dire ?

---

[42] De l'Université de Californie

Le professeur Adriaan Peperzak[43] dans son étude *Religion, Éthique et Politique,* recommandant, comme le fait Luther, la participation du croyant à la vie de la cité, ajoute : *Mais ce qui dépasse le niveau de la nécessité et qui enrichit la vie humaine culturellement ou lui donne un sens religieux est laissé au choix de groupes et d'individus privés. La privatisation de la culture et de la religion semble la contrepartie inévitable du réel respect de l'autonomie... L'État ne peut l'exclure ni la prescrire... La séparation de la religion et de l'État semble la seule manière possible de faire justice à la conception moderne de la liberté politique.*

Autre position exprimée au cours de ce colloque, celle du professeur Jean Brun[44] sous le titre *La politique et le mal radical.* Il prévient pour commencer : *Nous laisserons ici de côté l'herméneutique, la phénoménologie, l'ontologie, les réductions transcendantales, la dialectique, le signifiant, le sémiotique, la chasse aux structures et autres sujets de brillants exercices de style. Nous voudrions rappeler des évidences sérieuses en courant le risque d'être clair. Ce qui, dans le domaine philosophique n'est guère aujourd'hui excusable et qui, en tout cas, ne pardonne pas (...).* Il poursuit en milieu d'exposé *: Tout pouvoir politique sombre dans la catastrophe et pourtant on ne peut s'en passer. Non comme d'un stupéfiant mais comme d'une nécessité (...).*

Et pour terminer *: La politique est l'auto-agonie de l'humanité qui s'immole et qui n'en peut mais... La politique c'est l'homme qui s'affronte à l'homme en se*

---

[43] De l'Université de Nimègue

[44] De l'Université de Dijon

détournant de Dieu ou en l'annexant à ses propres entreprises ; c'est la forme de plus en plus manifeste et écrasante du Mal. D'un mal inéluctable, originel, dont l'homme ne peut se délivrer et auquel il s'enchaîne d'autant mieux qu'il s'exaspère devant les échecs de ses tentatives de libérations successives... À plusieurs reprises nous avons écrit : que faire ? Il n'y a rien à faire, il n'y a rien à faire car il ne s'agit pas d'ajouter un autre faire à tous ceux qui nous harcèlent déjà. Il s'agit d'être. Or, on ne peut être que si l'on cesse d'avoir la prétention de faire la vérité, que si l'on comprend qu'il n'est possible d'être qu'à la condition d'être de la vérité. C'est-à-dire de lui appartenir non comme un esclave soumis mais comme un témoin désireux de partager avec l'autre une révélation à l'intérieur de laquelle lui et moi pourrons nous retrouver avec les autres hommes en sachant que le mal nous guette et en demeurant lucide à l'égard de tous les triomphalismes du savoir et du pouvoir. La politique est la forme moderne et technicisée du pélagianisme.

Lorsque l'homme n'a d'autres mesures que les siennes il reste sans mesure et sombre dans la démesure de la puissance ou de la licence. À l'homme qui veut devenir son propre Dieu ne tarde guère à se présenter la face grimaçante du Démon qu'il abrite en lui-même.

La vigueur de ce langage est tonique, vivifiante. Pourtant, divers théologiens retombent dans l'ornière de la recherche d'une symbiose entre la législation séculière et les principes de la religion chrétienne. Un exemple en est fourni par l'ouvrage du professeur Carl Braaten :

Principles of Lutheran Theologie [45] qu'il nous faut évoquer car il fournit une illustration éloquente de ce à quoi peut conduire le rejet, volontaire ou non, de la doctrine des deux règnes.

Notons tout d'abord que l'auteur ne consacre dans son ouvrage aucune explication au Traité du serf arbitre. Avec son dernier chapitre consacré au *Principe des deux règnes*, il est tout aussi éloigné de Luther que peu logique avec lui-même. Il prétend tout d'abord qu'il s'agirait, avec la doctrine des deux règnes, d'une *dichotomie qui sépare la vie en deux sphères*, et ajoute : *Est-il exagéré de parler de cette distorsion monstrueuse de Luther* ? Or, il n'y a aucune *distorsion monstrueuse* dans l'enseignement des deux règnes qui est fondé au contraire sur l'unicité de la volonté divine, au regard de chacun des deux règnes conformément à son vouloir, de manière limpide en Luc. 12,51, cité ci-dessus. Lorsque, ensuite, il prétend attribuer à la doctrine des deux règnes l'emprise du nazisme sur l'église allemande, il ne semble pas se rendre compte qu'il entrerait en contradiction avec son propos initial si c'était exact, car, alors, à l'inverse d'une *dichotomie,* c'est d'une collusion qu'il s'agirait. Alors qu'il cite plusieurs fois Karl Barth, il omet de faire état de son rôle essentiel dans la rédaction de la Déclaration de Barmen, qui est à l'origine de l'Église Confessant et qui fait application de manière péremptoire de la Doctrine des deux règnes. Il est fourbe et malhonnête ce procédé consistant à imputer à un enseignement, préalablement dénaturé dans son sens, la responsabilité d'agissements fourvoyés.

---

[45] Traduction en français : Éditions du Cerf, Paris 1996. Carl Braaten exerça la charge de professeur de théologie systématique aux États-Unis, ayant été l'élève de Tillich.

Page suivante l'auteur déclare : *Le but de ce chapitre sera d'établir le fondement théologique des droits de l'homme à travers une approche œcuménique, essayant non pas d'opérer un simple retour aux sources, mais de transcender les limites de chaque tradition afin de trouver un terrain commun. Ainsi, nous abordons le problème théologique des droits de l'homme.* Remarquons bien que c'est de *théologie* que l'auteur prétend parler. Il insiste, et ce au titre d'un projet œcuménique visant catholiques, luthériens et calvinistes. Or, à défaut de retour aux sources (évangéliques pourrait-on supposer et qui seraient impropres à réaliser cet accord œcuménique entre chrétiens), c'est dans le *droit naturel* que l'auteur déclare trouver ce fondement théologique et ce en s'abstenant de toute indication quant aux normes, valeurs ou principes pouvant s'y découvrir comme étant de nature à transcender nos sources. Étrange découverte que celle qui consiste à trouver une voie de transcendance dans la nature. Nous ne contestons pas la notion abstraite de droit naturel (aussi variées qu'en soient les conceptions de ceux qui en traitent) et que nous évoquions à propos du Déluge. L'église romaine s'y réfère et Luther, à la fin du traité du Serf arbitre, vise la *Nature* comme une des trois lumières mais il n'imagine pas qu'elle puisse transcender les deux autres : *Grâce et gloire*[46]. Relevons au passage que c'est Bernard de Clairvaux qui a d'abord énoncé cette classification. Luther la reprend à son compte.

Quand on aura analysé, trié, combiné tout ce qui a pu être dit ou contesté en la matière, toutes les déclarations des droits de l'homme jusqu'alors promulguées, tous les préambules constitutionnels connus pour aboutir à un texte recueillant les suffrages des trois églises en cause, voire de

---

[46] G.F. 453

l'humanité entière en faveur de ce secourable supplément à la Révélation, il y a un ingrédient qui ne pourra y être ajouté sans rendre dérisoire ce bel ouvrage : le Sermon sur la montagne qui est un absolu défi au droit naturel. Ce qu'il prescrit est en complète contradiction avec la démarche de l'homme du siècle.

Récentes et aussi vaines prétentions à une fusion entre le politique et le spirituel, Marcel Gauchet qui a publié en 1985 : *Le désenchantement du monde* puis en 2004 *Un monde désenchanté ?* dont le point d'interrogation révèle une remise en cause de sa thèse première. Il tenait d'abord pour acquis ce qu'il appelait *la sortie de la religion*, puis ayant beaucoup attendu pour s'aviser du caractère obsolète du marxisme et s'inquiétant du républicanisme laïc, il appelle de ses vœux un retour du religieux. Dans un cas comme dans l'autre il tient le religieux pour accessoire au politique, ce qui ne peut profiter ni à la religion, ni à la politique. Il en est de même pour J.B Metz [47] qui, s'associant au mouvement britannique prônant une théologie post-libérale, invoque une *théologie politique.*

C'est une tentative de réintroduction de cette gageure dont procède le *Welthétic* qu'a proposé Hans Kung en 2009. Introduire la morale dans l'économie mondiale procède d'un angélisme trompeur. Cette ambition ne peut être envisagée que sous la férule du pouvoir temporel, de par sa force contraignante, et non par l'assentiment spontané de l'homme du siècle naturellement égoïste, outre l'égoïsme propre aux États-nations les uns à l'égard des autres. La révélation implique le siècle aussi sûrement qu'elle s'en distingue et aucune institution ne peut l'imposer dans les consciences. Même à s'en tenir au

[47] Gallimard

contenu moral de la révélation sous forme éthique, prétendre l'imposer au siècle est aussi insensé d'ailleurs que s'agissant d'une idéologie quelconque qui se trouve discréditée du seul fait de la contrainte par laquelle on prétend la faire prévaloir. Le contenu moral de la révélation est de plus accessoire dans le processus du salut : ***les putains et les publicains vous précéderont...*** (Matth. 21,31), et ceci outre l'inversion de la hiérarchie entre le ***mond***e et le ***Royaume... les derniers seront les premiers, les premiers seront les derniers*** (Luc 13 30).

Enfin, la volonté divine ne peut être absente en des lieux et des temps non appréhendés dans le champ biblique comme nous l'avons exposé ci-dessus. Cette évidence (si on croit à la volonté divine) est nécessairement comprise dans la doctrine des deux règnes. C'est ce qui nous dicte la conception de la fin des temps telle qu'exposée au début de ce chapitre.

VIII
LA LIBERTÉ

LE TRAITE DE LA LIBERTÉ DU CHRÉTIEN DE M. LUTHER

Ce texte (G.P. 839) fut rédigé en 1520 pour accompagner une lettre, *l'Épitre luthérienne à Leon XIII,* que le légat Charles de Milthiez avait demandé à Luther – alors menacé d'excommunication – de rédiger en témoignage de ses bonnes dispositions à l'égard de la papauté. Il y a deux rédactions de ce traité. Il semble que Luther l'ait d'abord écrit en allemand en trente propositions, pour l'adresser au bailli H.Muhlpfort (GP p. 837), puis en latin (LF t.II p. 275) pour le pape que nous retenons ci-après.

Bien évidemment, Luther fonde son traité sur une indissociable liaison entre foi et liberté. Sur la foi elle-même par laquelle il commence, il met en garde d'en parler à la légère comme le font ceux *qui n'en ont nulle expérience... qui ne l'ont pas goûtée une fois ou l'autre du dedans, sous l'étreinte des tribulations...* Les q*uelques gouttes qu'il en a recueillies, c'est au cours d'épreuves grandes et diverses.* On sait les angoisses qu'il a encourues avant d'en être délivré à la lumière de l'Épître aux Romains.

Puis il énonce deux propositions paradoxales :

Le chrétien est un libre seigneur sur toutes choses et il n'est soumis à personne.

Le chrétien est en toute chose le plus serviable des serviteurs ; il est assujetti à tous.

Pour s'en expliquer, il évoque, faisant référence à la double nature de l'homme, corporelle et spirituelle, les épîtres de Paul.

Puis, seconde vertu de la fo*i : honorer celui en qui l'on croit. Quelle injure, et quelle impiété plus grande encore envers Dieu que de ne pas croire à ses promesses.*

Troisième grâce, assimilée à la foi : l'union du Christ et de l'âme. Il y a dans ce développement des accents mystiques. Il se réfère à la personne de Melchisédech illustrée par l'Épître aux Hébreux. De même que Christ possède les dignités de Prêtre et de Roi par droit de primogéniture, il en fait part à tous ceux qui croient en lui. *Rois – et les plus libres de tous – nous sommes aussi prêtres pour l'Éternité.* Il s'agit là de la doctrine du sacerdoce universel que Luther développe par ailleurs.

Passant ensuite à l'homme intérieur, il observe que nous ne recevrons la plénitude de l'Esprit que dans la vie future et qu'il faut subordonner le corps à l'esprit, que le regard ne se tourne vers les convoitises que pour les expulser. Puis, par une succession d'exemples, il confronte foi et œuvres.

Quant à l'homme extérieur encore, il rappelle que nous devons être soumis au pouvoir séculier mais il fait silence ici – par prudence diplomatique sans doute – sur les limites et les conditions de cette soumission qu'il développera largement en 1523 avec *De l'autorité temporelle...* comme on l'a vu. C'est seulement dans le texte latin que figure ensuite un long développement où la liberté est évoquée dans un cadre factuel, en relation avec la licence qu'on se permettrait au motif que la foi nous libérerait des œuvres. On peut en résumer l'argumentation et clore l'exposé de ce traité par la profondeur et la concision de cette formule employée par Luther *: La foi en Christ ne nous affranchit pas des œuvres mais de l'opinion que l'on en a.*

Mais il n'empêche que, de fait précisément, nous sommes continuellement placés dans des situations qui ne sont pas seulement du domaine de la spéculation abstraite mais de celui de la décision, de l'exercice même de notre liberté qui, par définition, ne peut être soumise à aucune règle. On peut donc seulement évoquer quelques dilemmes selon lesquels notre liberté de croyant est mise à l'épreuve.

Liberté et environnement

Les chrétiens vivent dans le monde, sont tributaires comme tout un chacun des événements qui s'y produisent au sein des différentes collectivités dont ils partagent le sort. Vivraient-ils en communauté fermée qu'ils resteraient dépendants de la conjoncture environnante, politique, géographique, météorologique. La grâce n'assure non plus aucun croyant individuellement contre les difficultés, embûches, accidents, tourments, chutes, propres à la condition humaine. La notion de révolution elle-même est sans relation avec la liberté. Ne fatiguons pas le lecteur avec une analyse des mouvements révolutionnaires dans l'histoire des nations et bornons-nous à rappeler cette réflexion prêtée au chef de la police par Albert Camus dans sa pièce de théâtre « Les Justes » : *On fait une révolution, et puis on fait une police.*

Si la liberté d'aller et venir et de s'exprimer peut certes être revendiquée, voire obtenue par la force comme aussi par la non-violence – de même pour l'amélioration des conditions de vie matérielles – à l'encontre du pouvoir établi, il ne s'agit pas là non plus de la liberté du chrétien. Ces avantages sont de l'ordre des besoins organiques et n'offrent pas, en eux-mêmes, la faculté de vivre selon l'Évangile. Plus encore, les conditions d'existence prospères qui, actuellement, caractérisent les pays occidentaux, portent à l'insatiabilité, à la multiplication des objets qui sont autant de liens de dépendance, voire même de servitude.

Il en est de même de la *théologie de la libération* qui ne vise qu'à changer le pouvoir politique en un certain temps et un certain lieu.

Précisons quant à notre société occidentale, qu'il ne s'agit cependant pas de fustiger notre prospérité mais la propension qu'elle crée à s'y confiner[48]. Nous voulons seulement montrer que cette prospérité non seulement n'est pas propre à faire accéder à la liberté, mais pourrait être de nature à en compromettre, pour les chrétiens eux-mêmes, l'exercice.

Notre liberté n'est donc pas liée à notre environnement quand bien même aurions-nous le loisir d'en changer ou de le changer.

Liberté et nécessité

L'adage caractérisant le serf arbitre : *tout ce qui arrive, arrive nécessairement,* oblige à considérer, d'une part, les splendeurs de la création avec l'épanouissement des réalisations issues des talents, du cœur et de l'ingéniosité

---

[48] Nous, chrétiens occidentaux, qui pouvons généralement vivre paisiblement notre foi, sommes-nous conscients de cette grâce qui nous est faite comparée aux persécutions infligées ailleurs à des communautés chrétiennes ?

humaine et, d'autre part, le chagrin, l'injustice, les humiliations, dont nous sommes tributaires, comme aussi les cruautés, massacres, famines et autres catastrophes, dont souffre l'humanité. Aussi affligeant, révoltant que puisse être ce second aspect de notre condition, il est tout autant irrécusable par l'homme du siècle que par le croyant.

Luther, cependant, ne verse pas dans un arrangement attribuant à l'homme une liberté qui le rendrait responsable de ces maux, mais il affirme sans la moindre ambiguïté : *il n'y a aucun doute que les afflictions nous viennent de Dieu contre notre volonté et qu'il nous faut en supporter la nécessité, que nous le voulions ou non ; et il n'est pas en notre pouvoir de les écarter ; on ne peut que nous exhorter à les porter volontairement.* (Deuxième partie du Traité, G.F 322).

En son ouvrage *Prescience et liberté*[49], Cyrille Michon consacre le Chapitre II à la confrontation entre *Liberté et Nécessité.* Il place en différentes relations algébriques hypothétiques liberté – prescience – nécessité, sans pouvoir aboutir à une démonstration et oriente alors le débat sur le déterminisme. Ce regard philosophique sur la question débouche donc sur son aspect scientifique. Par ailleurs, faisant référence à Augustin, l'auteur s'abstient de faire état de son aphorisme radical.

Or, c'est dès l'Introductions de son Traité, comme on l'a vu, que Luther assoie la netteté de sa position en faisant sienne la déclaration d'Augustin : c*'est Dieu qui opère en nous le bien et le mal, ce sont ses bonnes œuvres qu'il récompense en nous et ses mauvaises œuvres qu'il punit*

[49] PUF 2004

en nous[50]. Il ne l'avance pas comme une proposition hypothétique. Il mesure bien évidemment la perplexité que cela peut inspirer. Ainsi, précise-t-il à la fin de la deuxième partie : *C'est pourquoi il faut aller jusqu'à la solution extrême, nier le libre arbitre et tout rapporter à Dieu, ainsi il n'y plus de contradictions dans l'écriture, et les difficultés, si elles ne sont pas résolues, deviennent du moins supportables.*

Lorsque Érasme interpelle Luther en ces termes (II B 3) *: Dieu pourrait-il imputer à l'homme le mépris de la loi si sa volonté n'est pas libre ? Comment Dieu peut-il inviter à la repentance s'il est lui-même l'auteur de l'impénitence ? Comment la condamnation peut-elle être juste lorsque c'est le juge lui-même qui contraint à faire le mal ?* Luther répond : *que la Diatribe s'occupe de ces questions*, en se maintenant sur la ligne de force qui structure toute sa théologie, à savoir l'impossibilité pour l'homme de faire le bien, de trouver la grâce par ses propres forces. C'est le cœur même de sa théologie qu'il oppose à Érasme selon cette irrévocable conclusion du ch. 2 de l'épître aux Galates, à savoir que ***si la justice vient par la Torah, alors le messie est mort en vain.***

On trouve là le sceau d'authenticité de l'enseignement du serf arbitre, refusant les détours ou faux-fuyants propres au semi-pélagianisme. Notre volonté est serve car nous nous trouvons sous l'empire de la *nécessité.* C'est selon cette optique que Luther affirme, de manière tout aussi catégorique, que nous ne pouvons par conséquent revendiquer aucun mérite.

---

[50] Denis de Rougemont traduit *opère en nous* par *produit en nous ;* Jean Carrère donne *détermine en nous*

C'est dans le même sens qu'il déclare quant à la volonté de Dieu *: Ce qu'Il veut n'est pas droit parce qu'il doit ou a dû le vouloir ainsi, au contraire c'est parce que Lui-même veut qu'il en soit ainsi que ce qui arrive ainsi doit être droit.* (G.F 292). Il avait précisé peu avant : *Dieu seul sait en quoi ces choses qui nous apparaissent mauvaises sont bonnes.* On peut dire que la position, aussi clairement exprimée, trace la ligne de partage entre la foi et l'incroyance.

Avec la doctrine du salut par la foi dont il est indissociable, le Traité du serf arbitre marque l'exigence de Luther dans son exégèse de la Parole biblique. C'est en relevant que la Bible ne nous dit pas tout qu'il place la révélation au-dessus et au-delà de nos humaines représentations et catégories. C'est ainsi qu'en fin de troisième partie du Traité, Luther résume son propos en ces termes : *Maintenant Dieu a enlevé mon salut à l'action de ma volonté et l'a confié à l'action de sa volonté.* Ce transfert nous libère, nous affranchit de l'amertume des péripéties de nos existences, peut les transmuer en incitation à l'action de grâce et nous porter vers l'avant.

Oui, je préfère que mon salut soit entre les mains du Seigneur-Christ plutôt que laissé à mes propres forces. C'est ce que me permet de dire – avec allégresse – le Traité du serf arbitre

L'expression ***heureux*** ! généralement employée dans les différentes versions de la Bible au sens où il s'agit tout à la fois d'une exhortation et d'une promesse, notamment dans les Béatitudes, Chouraqui la traduit par ***en marche !*** [51]

Liberté et responsabilité

Nul ne conteste qu'il ne peut y avoir de liberté sans responsabilité et réciproquement.

Dans son sens étymologique, la notion de responsabilité fait appel à un principe d'engagement, de contrat. Le mot époux a la même racine. Par ailleurs, puisqu'il s'agit de répondre, il faut se demander : répondre de quoi, répondre à qui, répondre comment ? La responsabilité implique donc une interpellation.

Dans la perspective du contrat social, de la condition citoyenne, ce sont les autorités instituées auprès desquelles il doit être rendu compte de notre responsabilité selon la règle de droit. Mais qu'en est-il de ma responsabilité de croyant ?

Avec l'Ancien Testament, on est responsable devant Dieu du respect de la Torah C'est lui qui en sanctionne la transgression, directement ou par l'intermédiaire du Sanhédrin.

Mais nous savons que l'homme est incapable de se conformer à la Torah et que c'est pourquoi le Dieu Juge, se faisant homme, s'est fait Dieu Sauveur et qu'il assume notre salut comme celui de toutes les créatures. Il en a la complète maîtrise car ***Le père… a tout donné en sa main*** (Jean, 3,35*) et* ***tout pouvoir*** (lui) ***a été donné dans les cieux et sur la terre*** (Matthieu 28,18) et ***nul ne vient au***

---

[51] **Ashréi** en hébreu

Père que par** (lui)* (Jean 14,6) et ***oui, de lui nous sommes l'ouvrage (Eph.2, 10). La différence entre le croyant et l'homme du siècle consiste en ce que le premier le sait et que le second l'ignore ou l'ignore encore, bien qu'il y soit aussi sujet. Autre nécessaire rejet ici de la prédestination au sens où l'entend Calvin.

La différence entre l'Ancien et le Nouveau Testament ne réside pas dans la loi elle-même des dix commandements qui est et reste la norme de référence objective et commune, mais dans, tout à la fois, l'implication et l'application qu'elle postule de la part du croyant à l'égard du prochain selon le second terme du plus grand commandement dont l'ensemble ***résume la loi et les prophètes*** *:*(Matth. 22,40). Aimer mon prochain comme moi-même, c'est faire dépendre mon regard, ma pensée, mon geste à l'égard du prochain, de l'amour dont je crois que Dieu m'aime et dont par conséquent il aime aussi mon prochain et veut, dès lors, que je l'aime. On n'est plus dans la loi du talion. C'est **la *misva nouvelle*** en Jean 13,34 *:* ***Aimez-vous les uns les autres comme je vous aime.*** Et encore Luc 6,36 : ***Soyez donc miséricordieux comme votre père est miséricordieux***. Ce n'est plus selon un code abstrait qu'est gérée et jugée ma relation individuelle avec Dieu, mais dans toutes les conséquences que ce code implique dans ma relation vécue avec le prochain. Je ne peux pas prétendre avoir reçu cette liberté si je n'en exerce pas le pouvoir à l'égard du prochain de par mon affranchissement des pulsions séculières, affranchissement qui seul rend apte aux œuvres de la foi. Je serai jugé selon mon attitude, ma conduite à l'égard de mon prochain, telles que rendues possibles par la liberté qui m'affranchit de l'égotisme calculateur du vieil homme et qui ne peut procéder que de la Grâce.

Dès lors que nous avons reçu cette liberté il s'impose à nous de l'exercer. La révoquer serait peut-être le péché contre l'Esprit. S'en remettre à quelque mode de décision, que ce soit pour échapper à la responsabilité personnelle de nos actes (obéissance aveugle à un chef ou à un directeur de conscience, spiritisme, discipline de parti…), deviendrait coupable, et ce quand bien même saurions-nous, et savons nous, que la décision que nous avons prise librement s'inscrira, dès qu'effective, dans l'ordre de la nécessité qui l'imposait. Et nous n'aurons pas à le regretter car nous n'aurons jamais à déplorer la décision que nous avons prise de par cette liberté, qui n'existe qu'en Christ, dès lors que nous en avons délibéré selon sa parole.

C'est aussi pourquoi la liberté du chrétien échappe à toute casuistique. Ainsi K. Barth expose : *L'éthique casuistique a toujours entraîné et entraînera toujours l'homme loin de cette voie. Elle lui dissimule le fait qu'il est directement et personnellement responsable lorsqu'il agit. Elle lui permet d'éviter ce qu'il n'a justement pas le droit d'éviter : à savoir l'effort de reconnaître qu'il est lui-même en cause, que l'existence de Dieu concerne non seulement ses actes extérieurs, sa volonté, ses pensées et intentions, mais sa personne même.*

Peut-on parler d'éthique de la liberté ?

La notion d'éthique appelle la conception et l'application de certains principes de portée générale. On s'accorde à donner, au grec *ethos*, la signification de mœurs c'est-à-dire de comportement propre à un certain milieu, en une certaine époque et selon une certaine conception collective de l'ordre moral, social, politique. Est-ce compatible avec la notion de liberté ? N'y aurait-il pas antinomie même entre les deux termes ? ***Pourquoi ma liberté serait-elle jugée par la conscience d'un autre ?*** (I Cor. 10, 29)

Nous avons évoqué au ch. VI, avec la doctrine des deux règnes, l'impossible gageure d'un syncrétisme entre le politique et l'Évangile. Ainsi est-ce dans la perspective affirmée d'une éthique pour les chrétiens eux-mêmes que le problème a ensuite été repris par des théologiens du vingtième siècle mais sans qu'ils échappent toujours à la tentation d'une généralisation. En déclarant rester dans le seul domaine de la théologie, Karl Holl (1866-1926) et Friedrich Gogarten (1887-1968) sont entrés en polémique à propos de la place de la morale dans la théologie de Luther. La position de Holl a été publiée aux USA en 1977[52].

Redisons que cela ne signifie pas non plus qu'il doive y avoir une cloison étanche entre les deux règnes. C'est du mode d'exercice dans le siècle et sur le siècle de la vocation évangélique de la communauté chrétienne, et de chaque chrétien individuellement, qu'il s'agit.

La longue étude de Jacques Ellul sous le titre *Ethique de la liberté* en est une illustration. Dans un ouvrage préliminaire servant de préface, *Le vouloir et le faire*[53] se référant à Phil.2, 13 : ***C'est Dieu qui produit en vous le vouloir et le faire selon son bon plaisir***, il expose qu'il y a là de quoi décourager de poursuivre l'entreprise… mais consacre pourtant ensuite trois tomes à sa recherche.

---

[52] *What Did Luther Understand by Religion ;* Philadelphia Fortress Press 1977

[53] Labor et Fides : J-L Adams et W-F Bense, en annexe

Certes, il précise bien que son sujet est la liberté du croyant. C'est l'objet du premier tome, mais dans le second une partie importante de ses développements constitue une critique de notre condition séculière du moment (les années 1970). Il passe ainsi d'une étude théologique à un constat d'ordre simplement moral et sociologique. Le troisième tome intitulé *Les combats de la liberté* se termine en un paradoxe en proclamant tout à la fois la nécessité et l'impossibilité d'une éthique pour les chrétiens. Il avait, dans son *avertissement* préalable, relevé la notion de *nécessité* en renvoyant pour approfondissement aux thèses de Bernard Charbonneau et à son affirmation de la soumission de l'homme à la nature.

Bonhoeffer s'est aussi préoccupé d'éthique, mais de façon moins systématique qu'Ellul. Nous en avons déjà parlé au chapitre précédent.

La déclaration de K. Barth déjà rapportée :... *excluant dans la recherche d'une éthique pour les chrétiens toutes démarches où l'on part de l'idée que l'éthique théologique devrait être élaborée sur la base d'une éthique générale philosophique,* montre clairement qu'il partage la doctrine des deux règnes, comme aussi la déclaration de Barmen que nous évoquons ci-après.

Peut-on définir positivement la liberté du chrétien ?

Il y a, dans la liberté du croyant, une implication de non-conformisme à l'égard des attitudes conventionnelles pouvant aller jusqu'à la mise en contestation de la règle de droit. La liberté chrétienne assume toujours un risque et doit parfois s'exprimer dans l'insoumission. Elle est objet de surprise, d'inattendu aux yeux du monde.

Elle est intrépide lorsqu'elle donne à Luther le courage d'affronter à la fois les deux plus puissants personnages de ce monde à l'époque : le pape et l'empereur, et ce sans contester le respect dû au pouvoir établi que prescrit Paul, mais en raison de ses limites que Luther explicitera avec *De l'autorité temporelle et des limites de l'obéissance qu'on lui doit.* Elle est héroïque lorsqu'elle fait encourir la mort à celui qui poursuit l'exercice de son ministère en son pays, en opposition avec le régime totalitaire du moment, dans la fidélité à sa vocation, tel Dietrich Bonhoeffer [54].

Exemplaire aussi lorsqu'on décide de poursuivre l'exercice de sa vocation missionnaire en Algérie en climat de cruauté sanguinaire tels les moines de Tibhirine refusant une protection militaire comme aussi de s'incliner devant le chantage terroriste.

La liberté du chrétien peut même être joyeuse jusqu'à la cocasserie lorsque Vendéens et Vendéennes, encerclés, passent la nuit à danser la veille d'un affrontement qu'ils savent devoir être terriblement périlleux[55].

---

[54] On sait que, s'étant insurgé dès 1933 contre l'empiètement du nazisme sur l'autorité de l'Église et contre sa politique antisémite, et que se trouvant aux États-Unis en 1939, il se refusa à y demeurer en sécurité quand la guerre éclata en Europe – alors qu'on lui proposait un titre de séjour et un poste universitaire – rentra en Allemagne et y continua son action antihitlérienne. Il fut un des protagonistes du mouvement de l'Église confessant. À la suite de l'attentat manqué de von Stauffenberg en 1943, il fut déporté puis pendu le 9 avril 1945

[55] Charrette en décembre 1793, la veille de la bataille de l'île Bouin. Ils réussiront à rompre l'encerclement mais subiront de très lourdes pertes. Rapporté notamment par P. Lucas de la Champonière, *Mémoires d'un officier vendéen*, Ed. du Bocage 1994.

Elle peut être désobligeante quand Paul, à Antioche, fustige publiquement Pierre (***en présence de tous*****,** Gal. 2, 11) qui affecte de ne plus manger avec les non-Juifs. Ceci, même jusqu'à l'insolence, tel que Luther en fait usage à l'égard d'Erasme (pourtant son aîné et d'une érudition dont il lui rend hommage) en plusieurs apostrophes dans le Traité.

Elle peut et doit même, à l'inverse, avoir égard aux sincères convictions du prochain. C'est l'objet du chapitre quatorze de l'épître de Paul aux Romains, repris avec le chapitre huit de la première épître aux Corinthiens, incitant au respect des différents usages des uns et des autres en matière d'aliments et de célébrations.

Elle est éblouissante lorsque, durant la Première Guerre mondiale, la nuit de Noël, des soldats sortent de leur tranchée pour apporter un petit sapin décoré à leurs ennemis de la tranchée d'en face.

Différents auteurs ont proposé, comme un des caractères distinctifs de la liberté du chrétien, la gratuité. C'est sans doute exact s'il est entendu qu'il s'agit de gratuité pour celui, ou de la part de celui qui exerce l'acte libre. Il n'en est pas de même lorsqu'elle est considérée dans sa portée à l'égard d'autrui qui peut y trouver un gain aussi considérable que la vie sauve comme nous l'exposons ci-après en matière de suicide. En outre, même lorsque l'acte de liberté n'a pas de conséquences concrètes, il recèle toujours la valeur du témoignage de la foi aux yeux du monde.

La liberté du chrétien n'affranchit pas de l'observation des principes bibliques, bien évidemment. Tous les théologiens conviennent que cette liberté n'est pas détachable de l'obéissance à la loi, mais tous aussi affirment que cette soumission ne pourrait en soi caractériser la liberté du chrétien, alors que notre volonté ne suffit pas pour que nous en soyons capables.

Le premier concile, tenu par les apôtres à Jérusalem, a résumé les règles disciplinaires de la Torah, pour les chrétiens non juifs aux trois lignes du ch. 15, ver.29 des Actes des apôtres : ***Vous abstenir des viandes sacrifiées aux idoles, du sang, de la chair étouffée, et de l'impudicité. Si vous gardez cela, vous agirez bien.*** Or, si, certes, nous disposons ainsi d'une sérieuse marge de liberté quant à notre comportement personnel, individuel, il reste à savoir ce qu'il en est à l'égard du prochain, des autres en général et de la collectivité tout entière. Nous disposons sous ce rapport, nous l'avons vu, d'un éclairage, aussi simple en sa formulation que vaste et ardu en son application, avec le deuxième article du plus grand commandement : ***Tu aimeras ton prochain comme toi-même***. Son application, sa réalisation, témoigne de la grâce reçue.

La liberté du chrétien échappe donc à la codification. Elle procède de l'amour sans calcul, lequel est contre-nature et nécessairement consécutif à la foi. Ainsi, n'étant pas le propre de l'homme naturel, la liberté du chrétien n'est pas non plus généralisable et est incompatible avec le troisième impératif catégorique de Kant. Rappelons-en les termes exacts : *Agis de telle sorte que tu puisses vouloir que la maxime de ton action soit considérée comme une loi universelle.* Or, la *maxime de* (mon) *action,* en tant que chrétien, ne peut prendre rang de *loi universelle*. Je puis souhaiter, bien sûr, que tout un chacun dispose par la grâce de cette liberté et l'exerce, mais je ne puis *vouloir* qu'elle prenne ce caractère *universel* car elle défie l'entendement de l'homme du siècle.

Suicide et liberté

On ne peut se dispenser d'évoquer le suicide relativement à la problématique du libre ou serf arbitre, alors que, dans les pays occidentaux, le suicide est la première cause de mortalité chez les adolescents et les jeunes, si on tient compte de comportements suicidaires classés comme accidents.

Jacques Ellul, dans son *Éthique de la liberté,* déclare (tome I, p.160) : *il est bien évident que le suicide n'est pas un péché mais pas davantage un acte de liberté*. Il ajoute qu'il y a *cent motifs de suicide* et attribue à tous la même caractéristique, à savoir que ce serait *l'acte par lequel on considère son propre destin être ce qu'il y a de plus important.* C'est ainsi qu'il traite, selon la même approche, différentes formes de morts volontaires. Nous ne partageons pas ce point de vue.

Ainsi, le suicide pour la sauvegarde d'autres ou d'un autre, pour ne pas dénoncer ses compagnons sous la torture par exemple, ce qui est assimilable au martyre. En ce cas, il est loisible d'invoquer Jean 13,13 : ***il n'y a pas de plus grand amour que de donner sa vie pour ceux que l'on aime.***

La souffrance physique devenue insupportable au point de provoquer le geste suicidaire procède d'un enchaînement naturel. Autre chose encore lorsqu'on veut s'affranchir de la honte ou du remords : les faillis jadis, Judas. Ou encore « l'honneur » : hara-kiri. La haine fanatique encore pour les attentats-suicides. Ce qu'ont en commun ces différentes situations, c'est que toutes procèdent de relations de cause à effet différentes, voire mêmes opposées, mais toutes objectivables. Il en va même ainsi lorsque c'est le stoïcisme qui est invoqué comme conférant au suicide (alors déclaré *philosophique*) le caractère d'un acte de liberté, ce qui est assez paradoxal du fait du principe d'indifférence professé par les stoïciens à l'égard de ce qui ne dépend pas de nous. On observe en effet que c'est en vue de s'affranchir de situations (diverses selon les uns et les autres) dont ils souffrent ou qu'ils redoutent ou encore réprouvent, que les stoïciens ont annoncé leur geste pour le justifier. Aucun n'a dit *je me suicide n'ayant aucune raison de le faire.*

Il n'en est pas de même du suicide dû au *mal-être*, dépourvu de causes réellement déterminables. Il est vécu d'autant plus péniblement de ce fait par les proches du défunt qu'ils ont tendance à s'en attribuer une part de responsabilité et à le dissimuler, alors que le martyr est donné en exemple.

La dépression suicidaire est exempte de justification logique. Elle peut affecter le pauvre indépendamment de sa pauvreté, comme le riche malgré sa richesse. Elle ne s'explique pas par les circonstances de leur existence. La mélancolie, autre qualification de la dépression, se définit comme *une tristesse sans motif.*

Ceux qui, étant parvenus à s'en tirer, en ont fait l'expérience, savent qu'elle n'est pas explicable par une situation concrète particulière. Elle consiste en la perte de toute estime de soi-même, de toute faculté de joie et agrément relativement à son lieu et son environnement, le sentiment d'être l'objet du rejet, de l'hostilité de tout un chacun, d'être *en trop* (... ***moi-même... La flétrissure de l'humain, le rebut du peuple,*** Psaume 22). C'est une vulnérabilité générale où la relation avec autrui n'est plus que douloureuse, blessante, au point de ne plus pouvoir vivre que dans l'isolement. Cette aridité, cette désertification de l'être, est telle qu'on en arrive à penser que si Dieu existe, il n'y a plus de recours qu'en lui et à être ainsi incité à la prière. Mais autrement l'ultime issue est d'en finir.

Les deux voies diffèrent-elles radicalement l'une de l'autre si on se reporte à Jean 12,25 : ***qui hait sa vie en ce monde la conservera pour la vie éternelle***[56] ?

Il a été très justement dit que, dans ces cas de détresse, on ne veut pas mourir mais se tuer, c'est-à-dire tuer en soi une souffrance insupportable à laquelle on finit par s'identifier au point de se supprimer pour la faire disparaître. Comme il n'y a plus ni recours, ni refuge, l'homme est à la fois le bourreau volontaire et la victime de sa propre exécution. Il ne s'agit pas seulement de ce qu'on appelle généralement une douleur morale, car cette douleur a même son siège physique, niché entre cœur et plexus où on ressent tout à la fois un vide – comme une perte, une disparition complète d'énergie, de pulsion vitale – et une blessure insidieuse et béante, un défi à la volonté rationnelle, cérébrale, avec laquelle elle n'a plus de liaisons, qui s'en trouve annihilée.

Certes, la vie est un don de l'Esprit. Mettre un terme à la sienne pourrait être tenu comme une offense faite au

---

[56] Rappelons que la langue hébraïque ne fait pas de nuances entre aimer et ne pas aimer. On n'aime pas plus ou moins, on aime ou on hait. De plus, il résulte clairement de l'explication que donne le Seigneur de ce propos qu'il vise spécifiquement ceux qui veulent le suivre jusqu'au bout : ***Car quel est celui qui…*** Nous l'avons vu.

Verbe créateur (***en lui était la vie et la vie était la lumière des hommes***), mais précisément la détresse suicidaire est privation de cette lumière dans un enfermement où n'existe plus rien d'autre que l'aveugle douleur intérieure.

C'est enfin un événement qui, comme tout autre lorsqu'il advient, arrive nécessairement. Nous voulons être sûr qu'à ceux qui sont morts de détresse, Dieu, l'Esprit consolateur, accorde, sans aucun doute, égards et consolation, et généreusement.

Osons-nous permettre de faire état ici de la douleur désespérée du Seigneur sur la croix, exprimée en Matthieu 27,46 et Marc 15,34, dans les termes exacts de ce même psaume 22 évoqué ci-dessus : ***Mon Dieu, mon Dieu, pourquoi m'as-tu abandonné ?***

La liberté en Christ, Oscar Cullmann

Toute l'histoire du peuple juif est illustrée dans l' Ancien Testament par le balancement, on pourrait dire l'alternance : obéissance-bénédiction / transgression-châtiment. C'est une institution dès la première phrase du décalogue : ***Je suis l'éternel ton dieu qui t'a fait sortir du pays d'Égypte, de la maison de la servitude… car moi, l'éternel, ton Dieu, je suis un dieu jaloux qui punit l'iniquité des pères sur les enfants jusqu'à la troisième et la quatrième génération de ceux qui me haïssent et qui fait miséricorde jusqu'à mille générations à ceux qui m'aiment et qui gardent mes commandements***[57].

[57] On peut lire sur ce sujet l'excellent ouvrage de Jacques Madaule : *Israël et le poids de l'élection* (Le Centurion 1983).

Ainsi, Adam et Ève chassés du paradis pour avoir goûté le fruit défendu. Ou encore le déluge pour sanctionner *la méchanceté des hommes sur la terre*[58].

À l'inverse, Abraham que l'ange de l'Éternel interpella : ***parce que tu as fait cela et que tu n'as pas refusé ton fils, ton unique, je te bénirai et je multiplierai ta postérité comme les étoiles du ciel.*** Mais aussi Sodome et Gomorrhe...

Puis après le Décalogue, dès l'époque des Juges : Jug.2, 11 : ***les enfants d'Israël firent alors ce qui déplaît à l'Éternel et ils servirent les Baals... La colère de l'Éternel s'enflamma contre Israël. Il les livra entre les mains des pillards qui les pillèrent et les vendirent entre les mains de leurs ennemis alentour***. Bénédiction au contraire avec ensuite Déborah et Barak délivrant le peuple des mains des Cananéens (Juges ch.4). De même avec Gédéon (Jug. ch.6.). À l'inverse quand Roboham... ***abandonna la Torah de Dieu et tout Israël avec lui alors Shischak, roi d'Égypte, monta contre Jérusalem*** (II Chr.12,1). Au contraire, Asa fait le bien et le droit aux yeux de Dieu... et c'est pour Asa ***une armée porteuse d'écus et de javelots*** (II Chr.14). ***Josaphat ne consultait pas les Baals, oui, il consultait le dieu de son père... Dieu affermit le royaume en sa main...*** Ainsi de suite jusqu'à Sédécias (dont le nom signifie justice de Dieu), la

---

[58] Cette ***méchanceté*** est antérieure à l'institution de la Torah et ne relève donc pas de la sanction qui s'attache à sa transgression. C'est à la connaissance du bien et du mal acquise en leur désobéissance par Adam et Ève et transmise à l'humanité qu'il faut donc se rapporter. On trouve ici une justification du droit naturel qui fait cependant question si on se réfère à Rom. 2,14-16 traitant ***des païens qui n'ont pas la loi.*** Il reste que Luther avalise la notion de droit naturel, comme aussi Melanchthon au titre de l'exercice du pouvoir séculier.

conquête de Jérusalem par Nabuchodonosor, la démolition du Temple et la déportation à Babylone. Après un retour des fils des captifs par la bienveillance de Cyrus, Grecs, Egyptiens, Romains, occuperont successivement la terre sainte jusqu'en 70 après J-C avec la ruine de Jérusalem sous Pompée, la destruction du second Temple et la seconde Diaspora.

Tous les livres prophétiques illustrent également cette alternance. : ***Revenez à moi dit l'Éternel des armées et je reviendrai à vous*** (Zacharie 1,3) mais aussi : Esdras 21,21 et 44,22 ; Jérémie 3,12 et 31,18 ; Joël 2,12 ; Ezéchiel 14,6 ; Osée 11,5 et 12,7 ; Amos 4,6 etc... bénédiction dans la fidélité à l'Éternel et sanction de la désobéissance à la loi par la captivité sous l'empire des ***nations***[59].

Ces récits bibliques, illustrant la vie du peuple juif, son impossibilité de répondre par lui-même à une vocation qui le dépasse, traduisent aussi celle de toute l'espèce humaine (à qui la prédication de l'Évangile promise a mis vingt siècles pour parvenir ***jusqu'aux extrémités de la terre***) dont il fournit une illustration topique. C'est là la pierre de

---

[59] Les ***nations*** par lesquelles l'Éternel châtie son peuple mais qui sont ensuite elles-mêmes punies pour avoir exercé le châtiment. Ainsi Joël 3, ***les outrages des enfants d'Ammon dont ils ont flétri mon peuple... Aussi... Moab sera comme Sodome et les enfants d'Ammon comme Gomorrhe*** ; ou encore le 12ème chapitre de Zacharie, verset 3 : ***Et c'est en ce jour, je mettrai Jérusalem en pierre d'accablement pour tous les peuples... Toutes les nations de la terre se réuniront contre elle*** et un peu plus loin, verset 9 : ***Et c'est en ce jour, je chercherai à exterminer toutes les nations venues contre Jérusalem,*** ou encore Jer. 30,21 ***: J'anéantirai toutes les nations parmi lesquelles je t'ai dispersé.1.31.3***

touche de la théologie du salut par la foi : ***Le Messie nous a rachetés de l'imprécation de la Torah*** (Gal. 3,13).

C'est l'axe autour duquel gravite toute l'histoire de l'humanité comme l'expose Oscar Cullmann en ses ouvrages, et notamment *Temps et histoire dans le christianisme primiti*f p.76 et suite : *La période antérieure à la création est déjà conçue à partir du Christ ; en elle il est déjà prédestiné dans le conseil de Dieu à être le médiateur, et cela, dès avant la fondation du monde (Jean 1,1 ; Héb.1, 2, ainsi que les versets 10 et suivants ; I Cor. 8,6 ; Col. 1,16). C'est ce qui indique le rôle éminent qui y est attribué à « l'homme ». L'élection du peuple d'Israël a lieu en vue du Christ et trouve son accomplissement dans l'œuvre du Christ incarné (...) Le peuple d'Israël dans son ensemble ne remplissant pas la mission qui lui est attribuée, c'est tout d'abord un reste qui se substitue au peuple mission qui se substitue au peuple .... Ce reste diminue encore et se réduit à un seul homme, le seul qui puisse se charger du rôle du peuple d'Israël* (…) Et un peu plus loin encore*: Ainsi, jusqu'à Jésus-Christ, l'histoire du salut subit, comme nous l'avons montré, une réduction progressive : l'humanité – le peuple d'Israël – le reste d'Israël – l'Unique, le Christ. Jusque-là la pluralité tend à l'unité, à Jésus–Christ qui, en tant que messie d'Israël, devient le Sauveur de l'humanité, de toute la création... Or, à partir de ce point, il se produit un profond changement dans le principe même du mouvement que nous avons constaté. Celui-ci continue à être l'élection et la substitution, mais il ne s'applique plus dans le sens d'une séduction progressive. Au contraire, à partir du point central, marqué par la résurrection du Christ, le développement ultérieur s'effectue non plus en passant de la pluralité à l'unité, mais inversement, en* *allant progressivement de l'unité à la pluralité, de telle sorte que cette pluralité doive représenter l'Unique...*

Cette appréhension christocentrique de l'histoire est en pleine conformité avec la théologie de Luther. D'autres ouvrages de Cullmann illustrent encore ce panorama et il faut au moins relever le déroulement de la promesse du salut tel qu'il l'exprime dans *Le salut dans l'histoire,* au chap. III : *La foi des témoins* : *Il importe de voir d'abord ce que nous avons toujours mis en évidence : l'histoire du salut n'est pas un simple alignement de faits. À travers les événements et les interprétations qui les éclairent, c'est Dieu lui-même qui se révèle et cette révélation divine va s'élargissant et s'approfondissant sans cesse. Or, que font les témoins bibliques ? ... Objets de la révélation, ces témoins en deviennent les instruments. Ils savent que Dieu les a choisis pour poursuivre l'œuvre de son salut. (...) Ils savent donc qu'avant eux, d'autres ont reçu les divins enseignements pour les transmettre, ont conscience d'être à leur tour l'objet puis le sujet de cette information. Ainsi, toute foi en l'histoire du salut est en même temps foi en la fonction révélatrice des témoins. C'est bien en cela d'ailleurs que consiste la foi en l'écriture. Elle ne fait que prolonger nos convictions courantes dans la formation du canon : elle reprend la certitude que Dieu a désigné, dans le passé, des témoins chargés de raconter l'histoire du salut.*

L'observation initiale introduisant ce texte : *À travers les événements et les Interprétations qui les éclairent, c'est Dieu lui-même qui se révèle,* est en adéquation avec le serf arbitre dont il fournit une claire illustration (à rapprocher aussi du propos d'Hegel rappelé ci-dessus avec note n°31).

Dans le même ouvrage Oscar Cullman distingue clairement les deux règnes, dont il appelle de ses vœux une convergence qu'il croit possible.

IX
SERF ARBITRE ET *NOUVELLE THÉOLOGIE*

Pour aborder la position, à l'égard du serf arbitre, des tenants de la *Nouvelle théologie,* il est nécessaire d'évoquer, ne serait-ce que brièvement, le courant de recherche qui les a précédés et dont ils sont aussi les continuateurs, à savoir l'École critique.

L'école critique

Avec l'enrichissement des connaissances, depuis la Renaissance, dans les domaines de l'archéologie, de l'histoire et aussi de la linguistique, différents chercheurs se sont employés à soumettre les textes bibliques à une analyse critique au même titre que n'importe quel autre récit, pour en rechercher les sources et apprécier la véracité de leur contenu.

Les écritures bibliques, Ancien et Nouveau Testament, ont été, bien entendu, antérieurement sondées, interprétées, commentées. L'Ancien Testament s'est construit à partir du Pentateuque suivi des livres historiques, poétiques et prophétiques, dont les commentaires, que certains assimilent à la Torah, se sont sans cesse développés. La Mishna, d'abord transmise oralement, fut transcrite et élargie avec les deux Talmud dont l'élaboration s'étend sur une dizaine de siècles avant et après l'ère chrétienne en deux branches, babylonienne et de Jérusalem. Le courant kabbalistique a suivi avec le Zohar, au treizième siècle de notre ère, dont les spéculations casuistiques sont souvent quasi maniaques. Vinrent encore divers courants :

sabbatiste, hassidiste et autres. Mais tous ces prolongements procèdent d'une sorte d'efflorescence, dont il est étonnant de constater qu'elle marque une évolution considérable de la pensée et de la doctrine, allant d'un extrême à l'autre depuis la conception saducéenne originelle[60], pour laquelle ***il n'y a point de relèvement,*** en passant aux Talmud parfois insultants en leur hostilité aux *goïms* en général et aux chrétiens en particulier en leurs versions non expurgées. Le Zohar est largement consacré à la recherche du *monde d'en haut,* de la *rédemption,* offrant donc, selon le courant pharisien, de grandes similitudes avec la doctrine chrétienne mais restant en attente du Messie[61].

Pour le Nouveau Testament, on sait les travaux d'exégèse des premiers Pères, latins et grecs, de l'Église, dans la constitution du canon, puis ensuite pour lutter contre les hérésies. Mais, jusqu'alors, les textes reconnus comme canoniques sont tenus pour données révélées dont il n'est pas question de mettre en doute la véracité. Même l'allégorisme alexandrin (opposé au littéralisme d'Antioche) ne conteste pas le contenu historique des Évangiles.

Avec ce qu'il est convenu d'appeler l'École critique, et ceci même de la part des chercheurs chrétiens, il s'agit bien alors d'apprécier le crédit qu'on peut accorder au contenu de la Bible, aux faits qu'elle relate, aux personnages qu'elle met en cause, à l'organisation de ses textes, à l'identité réelle des auteurs qui leur sont attribués.

---

[60] Comme se rattachant à Sadoq, grand prêtre de l'époque davidienne.
[61] M.M. Davy *Les grands courants de la mystique juive*, Ed.Payot.

Dès le dix-septième siècle, en France, deux protestants, les frères Cappel ainsi que l'oratorien Richard Simon ont entrepris ce travail sous l'éclairage du savoir profane qui s'était déjà développé à l'époque. Leurs travaux, fortement critiqués par leurs contemporains, ne furent repris qu'au siècle suivant en Allemagne et un peu plus tard en France. En Allemagne, J.S Semler (1725-1791) engagea les débats que poursuivirent F.Ch. Baur (1792-1860), Troeltsch (1865-1923) et bien d'autres[62].

En France, le père Marie-Joseph Lagrange (1855-1938), féru de langues orientales et créateur de la *Revue biblique* et de *l'École française archéologique de Jérusalem,* fit preuve dans ses études d'une grande érudition. Il fit beaucoup d'émules avec le courant moderniste issu du congrès de Fribourg de 1897. Son contemporain, A. Loisy (1857-1940), théologien de formation catholique aussi et voulant ne plus se référer qu'aux textes bibliques, combattu par M. Blondel (1861-1949), fut récusé par la Curie mais, par la suite, réhabilité. L'Aufklärung, plus comme courant idéologique qu'au titre d'une critique historique, eut sa part de référence dans ces confrontations.

Le courant *moderniste* croise, elle l'école critique par les personnes qui en ont illustré les débats. Sous l'angle théologique, on désigne généralement comme son initiateur A. von Harnach (1851-1930), de formation luthérienne, universitaire apprécié, opposant l'extérieur des formes liturgiques à l'infinie valeur de l'âme, sous l'influence peut-être de son intérêt pour la gnose. Il fit d'ailleurs franchir les frontières à ses études. Sa revendica-

---

[62] Semler a critiqué le Traité du serf arbitre, le trouvant *exagéré*

tion d'une *théologie scientifique* a entraîné des polémiques, tout particulièrement avec K. Barth.

Loisy en fit la critique dans un de ses principaux ouvrages : *L'Évangile et l'Église* de 1902 parfois assimilé au modernisme.

Mais ce terme de modernisme, dans le domaine théologique comme dans divers autres, a été diversement employé et a entraîné de multiples interprétations. Il a, en tout cas, été à l'origine du courant libéral en matière religieuse qu'on peut caractériser en disant qu'au nom du libre examen, il se veut indépendant de toute doctrine construite. Il est bientôt apparu que le lien communautaire en souffrait au point que parler d'Église n'avait plus guère de sens.

En Allemagne encore, les errements du libéralisme suscitèrent un nouvel intérêt pour la théologie de la réforme avec Karl Holl (1866-1926) [63] ainsi qu'une réaffirmation du lien entre histoire et salut avec, notamment, E. Käsemann (1906-1998), F.Schleiermacher (1768-1834), F.CH. Baur (1782-1860) et ses contemporains : Bultmann, Fuchs, Ebeling.

Dans son ouvrage traduit sous le titre W*hat Did Luther Understand by Religion* [64] Holl débat largement de la notion de mérite et on peut dire trop largement, car Luther a toujours exclu fermement toute possibilité pour l'homme de revendiquer aucun mérite personnel. Dans cet ouvrage,

---

[63] On peut lire avec profit sur ce point le très riche ouvrage de Pierre Gisel *Vérité et histoire* axé sur la théologie de *Käseman* (Ed. Beauchesne et Labor et Fides)

[64] Philadelphia Fortress Press 1977

le Traité du serf arbitre n'est qu'implicitement visé à propos de l'humanisme et de l'opposition entre Luther et Erasme mais sans être même mentionné comme tel. Ici encore le Traité est éludé alors que Holl est pourtant tenu pour un rénovateur de la théologie luthérienne face au modernisme et au libéralisme.

Puisque les chrétiens eux-mêmes sont incapable de se conformer à la morale biblique on ne voit pas comment il pourrait en être fait application par l'incroyant dans le siècle, serait-ce, bien au contraire, que les peuples ne doivent pas se doter d'institutions propices aux satisfactions matérielles et à l'ordre public : Constitutions, Codes civils, Codes criminels, décrets et arrêtés... La seule accumulation continuelle de l'appareil législatif illustre son caractère contingent, lié aux circonstances du moment.

La veine existentialiste chez les philosophes

Succinctement, nous évoquons ici l'école existentialiste chez les philosophes parce qu'elle a gagné les théologiens de la première moitié du vingtième siècle. Certes, le philosophe est censé se livrer à la recherche de la sagesse et non à l'étude de la révélation, mais le mot sagesse englobe tout examen et réflexion instruits par tous moyens d'investigation. De plus, la revendication de la qualité de philosophe s'accompagne souvent de coquetterie ou d'orgueil intellectuel. Ainsi Heidegger lorsqu'il dit que son ouvrage est *l'apanage exclusif des philosophes*. Sartre s'accordera la même complaisance en déclarant dans sa conférence *« L'existentialisme est un humanisme »*[65] : *Elle* (la doctrine existentialiste) *est strictement destinée aux techniciens et aux philosophes*.

---

[65] Publiée aux Editions Nagel

Chez certains philosophes peuvent aussi sévir un esprit de système, une volonté d'originalité, une tentation de rivalité à l'égard de leurs prédécesseurs ou contemporains. Certes, la pensée conceptuelle s'est enrichie de cette émulation (encore qu'elle repose parfois sur des artifices de vocabulaire) la connaissance de l'homme étant plus redevable aux sciences expérimentales (archéologie, anthropologie, biologie…) qu'à la spéculation abstraite. Certains théologiens contemporains ne sont pas à l'abri de cet esprit d'originalité, et tout particulièrement Bultmann comme on le verra.

Encore que ce soit le *Fragment de poème*[66] de Parménide (env. 540-470) qui inaugure la quête de *l'être de l'étant,* et que l'accent mis par Pascal sur la subjectivité puisse lui donner une place dans la pensée existentialiste, c'est à Kierkegaard (1813-1855) qu'on attribue en général la conception moderne de ce courant philosophique. Il déplore chez Kant et Hegel un esprit de système qui *pétrifie la vie.* Il voit l'existence humaine se déployer selon trois stades : Esthétique (et qu'on pourrait aussi qualifier d'hédoniste), éthique, marqué par l'inassouvissement du désir, et religieux qu'accompagne toujours l'angoisse. Mis à part Heidegger à qui nous allons revenir, on pourrait dire sommairement que c'est par les choix opérés parmi ces différents stades décrits par Kierkegaard, ou leur interprétation, que ses successeurs se sont distingués de l'ancêtre. Certains ont voulu retenir le facteur religieux comme déterminant (Jaspers, Berdiaef, G. Marcel) alors que d'autres l'ont rejeté en affirmant la

[66] Publié en version bilingue, traduit et richement commenté par Marcel Conche aux Presses Universitaires (1996) et aussi aux Ed.du Seuil par Barbara Cassin (1998)

liberté de l'homme, mais liberté encombrante qu'il importe d'aliéner dans l'engagement, tel Sartre. Merleau–Ponty, pour sa part, récusant toute tentative de refuge, qu'il soit église ou parti, donne une place prépondérante à la relation intentionnelle et historique qui unit le sujet aux choses et à autrui.

Quant à Heidegger[67] dont Husserl fut d'abord le maître puis le collègue et l'ami, et dont il finit par se démarquer doctrinalement, il ne va pas désavouer seulement Hegel mais rejeter aussi le *cogito ergo sum* de Descartes pour illustrer sa conception du *Dasein* (généralement traduit par *être-le-là).* Il estime pouvoir inverser la formule en disant *je suis un être là, donc je pense.* Formule plus provocante que féconde, car si on voulait prétendre ainsi que l'être précède la pensée (certes, il faut être pour penser et Descartes ne dit nullement le contraire), il faut aussi admettre que le monde végétal comme l'espèce animale <u>sont</u>, disposent de l'être, tout aussi authentiquement que moi (***ayant en soi un souffle de vie,*** Gén.1,30) et qu'il reste donc à préciser en quoi j'en serais différent. Pour ce faire, Heidegger déclare que c'est le langage qui distingue l'homme des autres étants et, plus spécialement, celui de la poésie dont, selon lui, Hölderlin offre l'expression la plus achevée. Mais peut-on parler, poétiser, sans penser ?

De plus, ce choix distinctif fait bon marché d'autres facultés propres à l'espèce humaine, à commencer par la mathématique dont le langage n'emprunte rien à la poésie, et qui – indissociable de toutes connaissances scientifiques – est l'outil intellectuel de l'emprise de l'homme sur la nature (aussi relative et destructive que puisse être cette

---

[67] Qui a reconnu ce qu'il doit à Parménide dont il paraphrase quasiment la formule : *être et penser sont la même chose.*

emprise) qui lui est assignée par le Créateur en Gén.1,28 : ***dominez sur les poissons de la mer, sur les oiseaux du ciel et sur tout animal qui se meut sur la terre***[68]. Heidegger déclare que *la science ne pense pas*. C'est là le quant à soi du philosophe. On pourrait en effet dire la même chose de la poésie qui ne pense pas par elle-même mais est l'expression de la pensée affective de l'homme qui dispose aussi d'une pensée rationnelle qui s'exprime, elle, dans la logique et le rapport des nombres[69].

On pourrait y ajouter l'écriture recueillant et transmettant la parole ; la musique ; et pourquoi pas aussi l'art pariétal, projection de l'emprise de l'homme sur le monde animal, autre illustration donc de Génèse 1,28.

Chez les théologiens

Avant d'aborder les théologiens existentialistes, il nous faut faire un retour en arrière pour évoquer la position de Luther à l'égard de la philosophie car elle a parfois été mal comprise. Un savant ouvrage sur le sujet a été publié récemment par Philippe Büttgen[70] d'abord axé sur les violentes attaques du Réformateur à l'encontre d'Aristote, de la scholastique et de Thomas d'Aquin. Sur ce point, l'auteur apporte, certes, d'intéressantes précisions, mais, dès lors que Luther déclare s'en remettre exclusivement aux Saintes Écritures (sola fide, sola scriptura), il aurait paru opportun qu'il fît observer que ces Saintes Écritures elles-mêmes ne manquent pas de mise en garde contre les *faux docteurs*, les f*ausses doctrine*s, les *fables, la sagesse*

[68] Cela ne le rend pas pour autant invulnérable. Il reste exposé aux maladies, aux sècheresses et inondations et à tous autres événements qui demeurent ***dans la main de Dieu.***

[69] Parménide était pythagoricien.

[70] J.Vrin, Coll. Contexte, 2011 : « Luther et la philosophie »

du monde : I Cor 2,5 ; 3,18 ; II Cor. 11, 13 ; Eph. 4,14 ; Col. 2,23 ; 2,33 ; Col. 2,22 ; I Thim. 1,3 ; 1, 10 ; 4,1 ; 4,6 ; 6,1 ; 6,3 ; II Tim 4,4 ; Tite 1,13 Jac.1,22 ; II Pier. 1,16 ; II Pier. 2,1 ; II Jean 10,9… Ce n'est pas le savoir en général que Luther rejetait mais ce que l'aristotélisme de Thomas d'Aquin présentait pour tel. Il encourage l'enseignement de ce qu'il appelle les *arts,* c'est-à-dire les différents domaines de connaissances. De plus, la nécessité d'opposer aux errances papales une référence irrécusable, à l'abri de toute contestation possible, lui imposait cette sola scriptura[71]. Nous n'élevons par contre aucune réserve au sujet de la seconde partie de cet ouvrage de Philippe Büttgen qui se rapporte à la liberté du chrétien, commentant le traité de Luther de 1520.

Les *nouveaux théologiens* se sont donc voulus existentialistes. Ce peut être attribué à un réel suivisme dans la foulée des philosophes, et aussi à l'urgence de la recherche d'une nouvelle vitalité du christianisme.

Les idéologies concurrentes – marxisme, libéralisme, nazisme – et la violence des affrontements qu'elles généraient durant la première moitié, et au-delà, du vingtième siècle, ont aussi appelé à rechercher une actualisation de la doctrine chrétienne.

On peut évoquer, comme s'étant réclamés d'une théologie existentialiste les Karl Barth, Dietrich Bonhoeffer, Rudolf Bultmann, Paul Ricœur, Paul Tillich, notamment, chacun, d'ailleurs, selon son approche particulière, si bien que le

[71] Ceci à la différence des premiers Pères de L'Église, qui eux, devant apporter la Bonne Nouvelle à un monde imprégné de culture grecque, ne pouvaient s'abstenir d'une confrontation avec les philosophies du moment.

qualificatif est impropre à les caractériser collectivement. La *nouvelle théologie* dont ils se réclament, chacun pour sa part, est elle-même aussi peu harmonisatrice des uns avec les autres.

Exposer de manière consistante la pensée de ces théologiens (certains d'entre eux d'un grand savoir) n'est pas l'objet de cette étude. Leurs œuvres ont été, par ailleurs, largement publiées et commentées. Pour demeurer dans notre sujet, c'est donc sur leurs positions respectives à l'égard du serf arbitre que nous centrons notre propos les concernant.

Il nous faut cependant évoquer d'abord l'herméneutique, ne serait-ce que brièvement, car l'expression est communément employée, on pourrait dire revendiquée, par tous. C'est F. Schleiermacher (1768-1834) qui a introduit le terme dans le langage théologique avec ses *Discours,* en contestant que la doctrine chrétienne soit une vérité révélée par Dieu et en considérant qu'elle est seulement la formulation dans la Bible, par des hommes, de la conscience qu'ils ont de Dieu. Or, si on peut penser que Bultmann, ou encore Ricœur, sont proches de Schleiermacher, il n'en est pas du tout de même pour Barth ou encore Bonhœffer. On a aussi parlé d'*herméneutique normative* et il s'agit alors simplement de cadrer un enseignement dogmatique, catéchétique.

Dans le langage commun, herméneutique et exégèse ont la même signification : interprétation. L'exégèse s'applique à comprendre l'Écriture, l'herméneutique, au sens que lui donne Schleiermacher, la place sous le sceau de la réserve. On sait que Luther mettait en garde contre la propension des interprétations allégoriques des textes bibliques les privant de leur contenu historique et faisant encourir le risque d'en dénaturer le sens. On a vu qu'il reproche même cette tendance à Origène qui, pourtant attribue la plus considérable valeur révélatrice à l'Écriture en sa *Lectio divina*, puisqu'il lui confère quatre sens complémentaires : historique, allégorique, tropologique et anagologique [72]. On ne peut pas contester que nous sommes exhortés à sonder les écritures (Jean 5,39) pour en entendre la signification profonde (voir le chapitre XIV). C'est une des significations de l'image de la construction de la maison sur le roc en Luc, 6,46 : ***qui vient à moi, entend mes paroles et les fait, est semblable à un homme qui bâtit une maison après avoir profondément creusé.*** Autrement (ver. 49), on en reste à ce qui est superficiel, on construit ***sur le sable***. *(*Chouraqui traduit ***sur la terre).***

Il y a donc, dans l'emploi du terme *herméneutique* en théologie adhésion à une appréhension subjective des textes bibliques, relevant de la simple opinion, au lieu d'une recherche de leur contenu. Il est remarquable que dans les derniers temps de son enseignement, Karl Barth formulait ainsi sa forte exhortation à ses étudiants : *Exégèse, exégèse, exégèse...*

C'est lui, **Karl Barth (**Bâle 1886-1968), qu'il nous faut d'abord évoquer car il a été, durant le siècle passé, une sorte d'étalon de référence parmi les tenants de la *Nouvelle théologie*, très souvent cité par ses collègues pour approbation ou contestation et avec lesquels il s'est prêté à une courtoise confrontation. L'étendue de sa *Dogmatique* couvrant vingt-six volumes (et pourtant inachevée) s'y prête. On le tient comme l'un des

---

[72] Cette conception peut être rapprochée de l'interprétation quadruple par le Zohar du Pentateuque : Peshat (littérale), Remez (allégorique), Drash (comparative), Sod (sens caché).

instigateurs de la théologie dialectique (autre emprunt aux philosophes) dont il se démarqua à partir de 1925 et qu'il abandonna définitivement en 1934[73-74].

Il milita, étant jeune, au sein du parti sociale-démocrate comme conférencier et publiciste mais sa réflexion sur un certain courant libéraliste dans l'église, tendant à *séculariser le Christ*, l'amena à distinguer l'action politique de la prédication de la Parole.

Il s'est ainsi défendu avec force de toute incidence de sa position politique sur son enseignement dogmatique comme on a essayé de le lui reprocher, déclarant : *qu'on me démontre ce rapport à partir de mes livres, conférences et prédications, et qu'on s'informe si on veut à Göttingen à Münster et à Bonn de ce que j'ai fait et pas fait durant toutes ces années et alors, mais alors seulement, qu'on continue si on le peut et le veut le discours sur les arrière-pensées politiques.* Cette déclaration est déjà une approbation virtuelle de la doctrine des deux règnes.

On sait le rôle majeur de Barth dans la Déclaration de Barmen de mai 1934, acte constitutif de l'Église confessante en Allemagne. Elle rejette en six articles

---

[73] Il y a, certes, un rapport d'opposition dans le défi de la recherche de Dieu par l'homme. Mais peut-on en tirer une synthèse constructive ? Cela n'aboutit qu'à ce que le Professeur Jean-Louis Leuba, cité plus haut, qualifie d'humanisme chrétien sécularisé, impropre à assurer la gestion de la collectivité et récusant Jean 18,36 : ***Mon Royaume n'est pas de ce monde.*** On peut encore relever II Cor. 1,19-20 : ***Le fils de Dieu, Jésus-Christ, qui a été prêché par nous… n'a pas été oui et non, mais seulement oui.***

[74] Friedrich Gogarten fut le protagoniste de la *théologie dialectique* en Allemagne et y resta attaché.

l'emprise voulue par le nazisme sur l'Église et l'idéologie qu'il prétendait lui imposer et à laquelle bon nombre de ses membres se soumettaient ou se résignaient[75]. Ce texte revendiquant hautement la seule prérogative de l'Église dans la prédication de la Parole, le refus de l'ingérence d'une idéologie politique dans l'accomplissement de sa vocation, et en reconnaissant à l'État, *selon l'ordre voulu par Dieu... la tâche de veiller aux droits et à la paix... dans les limites de la clairvoyance et des possibilités humaines*... C'est en adéquation avec l'adresse de Luther au prince Jean, duc de Saxe, datant de la Noël 1522 (*De l'autorité temporelle et des limites de l'obéissance qu'on lui doit* déjà évoquée). La nationalité helvétique de Barth limita pour lui les conséquences de cette prise de position à l'interdiction de poursuivre son enseignement en Allemagne[76].

Bien que la Déclaration de Barmen ait été rédigée avec le souci de réunir l'assentiment des différentes confessions protestantes qui ont pris part à son élaboration, il n'est pas sérieusement contestable qu'elle constitue une claire expression de la Doctrine des deux règnes, en dépit de certaines réserves captieuses. La question fut débattue au cours du colloque œcuménique international organisé à

---

[75] Ceci après le retrait du pasteur Bodelshwingth de sa fonction d'Évêque du Reich, sous la pression politique, et son remplacement par Ludwig Müller en octobre 1933.

[76] D'autres protagonistes ont payé de leur vie leur action au titre de l'Église confessante, outre, comme on sait, Bonhœffer pendu en1945 : Paul Schneider, Martin Albertz, Heinrich Gruber, Werner Sylton, Gertrud Steawen, Frank Kaufman... ou de l'enfermement en camps de concentration tel Martin Niemöller qui parvint à survivre. Il faut relever que cette confusion entre les deux règnes avait déjà menacé en Allemagne durant la Première Guerre mondiale. Voir *Karl Barth : Genèse et réception de sa théologie* Labor et Fides 1987

Paris en février 1980 à l'occasion du 450ème anniversaire de la Confession d'Augsbourg. L'intervention limpide sur ce point du professeur Günther Krusche est décisive[77].

K. Barth avalise donc clairement la doctrine des deux règnes en cette Déclaration de Barmen. S'il fut en quête d'une éthique, il ne commet pas de confusion entre les deux règnes, déclarant : *On doit renoncer à suivre toute démarche où l'on part de l'idée que l'éthique théologique devrait être élaborée sur la base d'une éthique générale, philosophique.*

Son assentiment au serf arbitre n'est pas non plus contestable. Il traite la question de manière concise dans le quatrième volume, tome premier de la Dogmatique dont nous extrayons ces passages, (pages 61 et 62) : *De même, aucune prise en considération de la petitesse et de l'impuissance humaines ne saurait servir à rien ici ; elle nous ferait nous fourvoyer inévitablement dans les théories du déterminisme et, par réaction, elle ne pourrait que conférer une nouvelle valeur et une nouvelle force aux contre-arguments de l'indéterminisme. Mais on parvient infailliblement à reconnaître le serf arbitre, c'est-à-dire l'incapacité de l'homme à rendre justice à Dieu et par là de se justifier lui-même – en sorte que, sous cet angle également, la discussion sur la réalité du péché ne peut que se terminer seulement là où devient événement la connaissance positive de la libre grâce de Dieu dans toute sa sévérité mais aussi dans toute sa douceur. Et c'est ce qui se produit dans la foi, dans la saisie de la bonne nouvelle de celui qui a pris notre place pour restaurer à la fois le droit de Dieu et le droit de l'homme et rétablir la*

---

[77] Editions Beauchêne, p.187

paix de celui qui a voulu subir notre mort et recréer notre vie afin de nous ramener en lui à Dieu.

La position de Karl Barth est donc très claire tout en dissociant le serf arbitre du débat sur le déterminisme. Il y insiste encore un peu plus loin : *On s'est toujours mépris lorsqu'on a voulu motiver et comprendre la thèse sur le serf arbitre autrement qu'en recourant à la christologie. Elle ne peut être démontrée ni contredite par des constatations empiriques ou par des réflexions aprioristiques... Elle n'a rien à voir avec le conflit entre les déterministes et les indéterministes*[78].

L'expression déterminisme apparaît d'abord sous une forme latine, en Allemagne au dix-huitième siècle, pour être employée tant en matière philosophique que théologique, mais son contenu et les spéculations qui s'y rapportent sont bien antérieurs puisqu'ils relèvent de la logique voulant qu'il n'y ait rien sans cause et que les mêmes causes produisent les mêmes effets. Une conception mécaniste du déroulement des phénomènes s'en est suivie que certains ont voulu étendre à la condition humaine. Ont pris part au débat, dans sa relation avec la liberté, Fichte, Hegel, Marx et bien d'autres. Lavoisier, Laplace... s'en étaient déjà préoccupés en termes scientifiques ; Spinoza, Kant en matière d'éthique. Les travaux de Louis de Broglie, sur l'indéterminisme en physique quantique et d'autres données scientifiques, amenèrent à reconsidérer la question et à introduire dans les spéculations des principes mathématiques et de nouvelles expérimentations qui, personnellement, nous dépassent, mais qui, d'un avis général, amènent à la confrontation entre ce qui pourrait procéder du *hasard* –

---

[78] La doctrine de Dieu, Tome II, Ch. VIII

un principe de variabilité – et ce qui ne peut relever que de la *nécessité* (Leucippe et Démocrite, tenants du matérialisme, en furent les premiers débatteurs, bien avant Jacques Monod) au titre de lois permanentes seules propres à rendre le monde matériel intelligible. Le hasard est, pour les croyants, exclu quant à la condition humaine. Quant à la nécessité, si elle offre une rencontre de vocabulaire entre conceptions scientifique et théologique, c'est selon deux ordres différents. Les sciences expérimentent la vie personnelle, la nécessité n'existe et ne se déroule que pour et en vue de son affranchissement. Répétons-le, l'amour vécu selon le Sermon sur la montagne est contre-nature. Rappelons la plus brève des formules qui ait été proposée (par le professeur Oswald Bayer) pour résumer la théologie de Luther, tirée de Gal. 5,13 : ***Vous avez été appelés à la liberté.*** Même proclamation avec Rom.8, 2 : ***Car la création sera, elle aussi, libérée de la servitude de la corruption pour la liberté de gloire des enfants d'Elohim.*** (version Chouraqui).

Un ouvrage a été publié par les éditions Labor et Fides sous le titre *Ethique* qui réunit divers textes de **Dietrich Bonhoeffer** sur différent sujets. Seuls les chapitres trois et sept se rapportent réellement à l'éthique, en relations avec la responsabilité. Cependant, confrontant responsabilité et liberté, Bonhoeffer dissocie d'abord la question de la liberté de celle du déterminisme comme le fait K. Barth, et il ajoute, p. 203 en une note : *Ici un profond mystère inhérent à toute l'histoire se révèle à nous. Celui qui agit dans la liberté de l'action la plus personnelle s'aperçoit que ses actes s'accomplissent sous la conduite de Dieu. L'acte libre se reconnaît en définitive comme l'acte de Dieu. Ma décision se sait prise par lui, mon risque m'apparaît comme une nécessité divine.* Bien qu'elle soit exprimée comme issue seulement de l'expérience et non de la parole biblique, on se trouve, par cette réflexion, en présence d'une claire approbation du serf arbitre.

Paul Tillich (1886-1965) L'auteur du *Courage d'être* (Ed. du Cerf) est aussi celui d'une Théologie systématique dont le troisième tome est intitulé : *L'existence et le Christ.* Dans le premier chapitre, *Existence et existentialisme,* il voit, dans le récit que la Genèse donne de la chute, le passage de l'être essentiel à l'être existentiel. Ce peut bien être là l'un des plus heureux emprunts de la théologie à la philosophie. Il laisse paraître l'influence de Heidegger en déclarant que l'homme est libre dans la mesure où il dispose du langage, mais précise qu'il s'agit d'une liberté finie à laquelle il oppose la destinée qui, dans la nature, prendrait le visage de la nécessité. Il se montre proche des thèses de Bultmann mais en faisant plus de place au symbolique qu'au mythique, comme le fait aussi Ricœur. Il a aussi en commun avec Ricœur une certaine – quoique vague – aspiration à chercher dans le bouddhisme un complément à la doctrine chrétienne lorsqu'il déclare que *bouddhisme et christianisme peuvent s'aider à mieux saisir leur originalité.* Sa réflexion est celle d'un regard philosophique sur la doctrine chrétienne. Même dans la seconde partie, qu'il consacre pourtant à *La réalité du Christ,* les références scripturaires à l'appui des positions qu'il exprime sont rarissimes. L'aliénation de la condition humaine, qu'il évoque souvent, débouche sur la liberté en tant que valeur idéaliste et il se rapproche encore là de Bultmann. Le tome IV consacré à *La vie de l'Esprit* gravite autour de la notion de *théonomie, une éthique autonome impliquant une présence spirituelle qui serait applicable au siècle.* Cela remet en cause sa conception, pourtant parfaitement évangélique, de la foi exprimée antérieurement, à savoir qu'elle n'est pas du domaine des opinions mais qu'elle opère un changement d'état. Cela peut s'expliquer par l'évolution de sa pensée.

Il se définit, en effet, tout à la fin de son existence, comme *disciple de Toynbee* (1889-1975), *Jung* (1875-1961), *et surtout Schleiermacher* (1768 -1834), *Otto* (1892-1967) *et F. Heiler* (1869-1937). Ceci rend difficile de circonscrire sa pensée car on ne voit pas bien clairement le lien doctrinal pouvant réunir ces différents penseurs.

Son ouvrage *Théologie de la culture*[79] a été entendu par certains commentateurs comme pouvant ne pas être compatible avec sa *Théologie systématique,* et nous partageons cette opinion, d'autant plus qu'il semble y avoir eu aussi par ailleurs un revirement ou en tout cas une évolution dans sa pensée comme nous l'avons dit.

La relation entre théologie et culture n'est pas contestable. On en trouve une saisissante illustration dans l'ouvrage de Roland Bechmann rapportant qu'au treizième siècle, en France, la capacité d'accueil global des églises en tant que lieu de culte était supérieure au total de la population de l'époque. Cela s'explique parce que la culture était devenue en ce temps – et pour quelques siècles encore – théologique et non parce que la théologie avait voulu se montrer culturelle, quand bien même son influence fut considérablement civilisatrice. La théologie peut bien évidemment faire partie de la culture mais elle ne peut pas prétendre s'imposer à elle ni se confondre avec elle, elle peut seulement lui être proposée. On se retrouve ici en présence de la doctrine des deux règnes.

---

[79] Cerf, coll. Poche

Paul Tillich se lia sur le tard avec Mircea Eliade, adoptant son enseignement sur les thèmes communs aux grandes religions. On peut relever, en passant, les positions symétriquement opposées à la doctrine des deux règnes qui sont respectivement celle du nazisme, prétendant imposer son idéologie à l'Église et celle de Mircea Eliade aspirant, à l'inverse, à un magistère de l'église au sein de l'État, notamment dans son ouvrage de 1942 consacré à Salazar. Il déclara son admiration pour René Guénon (*Autorité spirituelle et pouvoir temporel)*[80] , qui s'était pourtant converti à l'islam.

Enfin, lorsqu'il déclare : *il peut y avoir dans l'histoire des religions un événement central qui rende possible une théologie universelle*, on doit se demander si ce propos est encore celui d'un homme de foi.

Rudolf Bultmann (1884-1976), en raison de l'emprise de son option philosophique sur sa théologie, appelle des observations un peu plus longues. Sa position, relevant de l'idéalisme, a reçu certains échos mais aussi de vives réfutations[81].

---

[80] Chacornac

[81] On peut proposer parmi les études en français à son sujet : René Marlé : *Bultmann et l'interprétation du Nouveau Testament,* Aubier 1966 – Florkowski *La théologie de la foi chez Bultmann* , Ed. Du Cerf 1971- André Malet : *Mythos et logos, la pensée de R. Bultmann*, Labor et Fides 1976 – K.Barth a échangé avec lui une abondante correspondance. Elle est évoquée à la fin de l'ouvrage de A. Malet. Pierre Gisel, dans son ouvrage déjà cité et aussi au début de son étude *La Création* (Labor et Fides 1980), montre, avec amabilité, l'artifice d'une déclaration de foi détachée de l'histoire. Oscar Cullmann d'abord intéressé par la thèse de Bultmann, la réfuta ensuite énergiquement (voir notamment *Christ et le temps,* Delachaux et Niestlé 1947).

Bien qu'il se réclame aussi de l'école critique et de la modernité, il n'est cependant plus dans le même registre que ses prédécesseurs ou contemporains car il exerce au départ sa réflexion (ce que lui-même et ses contemporains appellent leur *herméneutique*) non plus par l'analyse des textes bibliques eux-mêmes, mais selon l'incidence sur leur contenu de conceptions philosophiques existentialistes qu'il a en partage avec son collègue universitaire Martin Heidegger. Cette approche l'amène à voir, dans les écritures bibliques, une part mythique, opérant une sorte d'idéalisation mais non des événements réels, objectivables, scientifiquement admissibles [82].

À ce titre, il met en question la réalité de divers miracles mais a toujours refusé de préciser quels miracles il retenait pour vrais et quels ne pouvaient avoir qu'un sens mythologique. Il a désavoué un de ses élèves ayant tenté ce partage en se réclamant de son enseignement.

Malgré la faveur que connut Heidegger, passé son purgatoire après la Deuxième Guerre mondiale, nous ne nous aviserons pas de faire l'exposé de sa pensée, de débusquer *l'être de l'étant*, de distinguer *l'ontologique existential* de *l'ontique ec-sistentiel*, de confronter l'envergure respective du *Was* et du *Das*... Ceux qui s'y sont employés consciencieusement ont dit la difficulté de l'entreprise [83]. En outre, c'est à *Etre et temps* que se

---

[82] On peut sur ce point consulter : G. Miegge, *L'Évangile et le mythe dans la pensée de R.Bultmann.* Rev. de l'histoire des religions, 1960 n° 2

[83] Dans son *Dictionnaire philosophique*, A. Comte-Sponville termine la rubrique consacrée au terme *Dasein* en disant que l*e mieux est de ne pas l'employer.* Dans ce même ouvrage il déclare à la rubrique « Liberté » : *seul le libre arbitre me paraît douteux, et en vérité impensable.*

rapporte Bultmann qui est un ouvrage resté inachevé et alors que Heidegger lui-même est revenu sur ses conceptions du *Dasein,* objet de cet ouvrage, dont il ne s'est plus prévalu comme d'une doctrine et n'en a recommandé la lecture qu'au titre d'une *tâche*[84].

Les mythes et mythologies, qu'illustrent-ils, sinon les peurs, interrogations, aspirations, passions des hommes de tous les temps et en tous lieux au regard de la vie, de la mort et de la souffrance ? Ce qui apparaît bien évidemment dans la Bible – avec toutes les turpitudes dont le genre humain est capable – qui autrement serait étrangère à notre entendement.

Ce qui fait la différence entre les mythes et la mythologie d'avec le Nouveau Testament c'est ce qui distingue la légende de la vie. Les peurs, interrogations, aspirations, passions qu'illustrent les mythes figurent naturellement dans l'expérience vécue des protagonistes des textes évangéliques, mais il n'existe aucun témoin des aventures amoureuses de Jupiter, de la descente aux enfers d'Orphée, des tribulations d'Isis, Osiris et Horus, alors que le Nouveau Testament rapporte des événements datés, intervenus en des lieux connus, relatés par ceux qui en ont été les protagonistes, et ceux qui en ont reçu le témoignage. Les traits mythiques que Bultmann associe à des faits rapportés par le Nouveau Testament ne permettent pas de révoquer la véracité des Écritures, revendiquée par les textes eux-mêmes comme indissociable du kérygme (témoignage de la *Bonne nouvelle* sous toutes ses expressions, y compris dans le comportement et le commentaire du témoin). Ainsi, pour les Évangiles : ***Jean***

---

[84] Voir les commentaires faisant suite à *Être et temps* dans Ed. Gallimard, 2007

rend témoignage au fils (Jean 1,7, 8) ; ***Vous êtes témoins de ces choses*** (Luc 24, 48) ; ***Vous rendrez témoignage devant les gouverneurs et les rois*** (Matthieu 10,18) ; ***Les femmes témoins de la résurrection*** ((Matthieu 28,5) ; ***Vous aussi vous rendrez témoignage, parce que vous êtes avec moi dès le commencement*** (Jean 15, 27) ; ***S'ils se taisent, les pierres crieront*** (Luc, 19, 40)…

Par ailleurs, les Actes, agissements des Apôtres, sont corroborés par les épîtres de Paul qui les commentent ainsi que de Jacques, Pierre et Jean qui s'en déclarent témoins. Ils forment ensemble la suite vivante du contenu factuel des Évangiles.

Bultmann déclare différencier les miracles qui pourraient être authentiques de ceux qui ne le seraient pas, par le sens et la portée respectif de Mirakel et de Wunder, le terme impliquant la foi serait le critère de vérité. Pourquoi faire appel à la sémantique propre à la langue allemande qui n'est pas celle du grec, ni de l'hébreu bibliques[85] qui se suffisent bien à elles-mêmes ?

L'ancien Testament annonce les pouvoirs qu'exercera le Messie. Ainsi Joël 3, 15 cité par Pierre selon Actes 12,17 : ***Je donnerai des prodiges dans le ciel en haut, des signes sur la terre en bas.***

Révélant son apriorisme Bultmann déclare : *Il n'y a pas de signe, il n'y a que la foi.* C'est peut-être une jolie formule mais elle fait fi des récits bibliques largement réitérés revendiquant les ***signes*** comme manifestations de

---

[85] On peut trouver d'édifiantes précisions, y compris linguistiques, sur cette question, dans le riche ouvrage d'André-Marie Gérard : *Dictionnaire de la Bible* (Robert Lafond) à la rubrique Miracle.

l'intervention divine dans l'Ancien Testament et révélation de la messianité du Seigneur cautionnée par sa mort et sa résurrection, pour le Nouveau. Que serait la foi sans la Parole et que vaudrait la Parole sans les faits qu'elle relate et dont elle répond ? On pourra se reporter sur ce point au riche commentaire introductif à l'Évangile de Jean écrit par Chouraqui en sa traduction de la Bible (page 2060).

Ainsi, pour l'Ancien Testament : Exode 3,20 : ***je frapperai l'Égypte par des prodiges*** – Exode 4,21 : ***vois tous les prodiges que je mets en ta main.*** Exode15, 11 : ***Qui est comme toi, magnifique en sainteté, digne de louanges, opérant des prodiges*** – Exode 24 10 : ***des prodiges et qui n'ont eu lieu dans aucun pays*** – Néhémie 32,24 : ***tu opéreras des prodiges contre pharaon*** – Psaume 78 32 : ***ils ne crurent pas à ces prodiges…***

Pour le Nouveau : Matthieu 24 , 14 : ***Cette bonne nouvelle du Royaume sera prêchée dans le monde entier pour servir de témoignage à toutes les nations ;*** Matthieu 24,30 : ***Alors le signe du fils de l'homme paraîtra dans le ciel…*** Idem : Jean 4,48 ; Jean 5,36 ; Jean 12,37 ; Jean 20,30 ; Romain 15,19 ; II Corinthiens 12,12 ; II Thessaloniciens 2,9 ; Hébreux 2,4 ; etc.

Jésus lui-même revendique les miracles qu'il accomplit et les qualifie de ***signes,*** jusqu'à déplorer leur inefficacité sur l'incrédulité de différentes villes. Ainsi Matthieu 11 21 : ***malheur à toi Chorhazyme... Bethsaïda... Car si les miracles qui ont été faits au milieu de vous avaient eu lieu au milieu de Tyr et de Sydon... Et toi Capharnaüm...*** Si ces propos ont été inventés ce n'est pas à un mythologiste que nous devrions les attribuer – car ils ont un contenu bien concret – mais à un très inventif faussaire.

En Jean 9,13, c'est positivement, pour que les œuvres d'Elohim se manifestent en lui que Jésus donne la vue à l'aveugle né. La résurrection de Lazare a aussi une fonction démonstrative : Jean 11,42. Ou encore, Jean 5,36 ces œuvres que je fais témoignent pour moi que le père m'a envoyé.

De même, Jésus se prévaut aussi de ces différents miracles pour répondre de sa messianité aux envoyés de Jean-Baptiste alors en prison : Matthieu 11,2 ***Allez rapporter à Jean ce que vous entendez et ce que vous voyez : les aveugles voient, les boiteux marchent, les lépreux sont purifiés, les sourds entendent, les morts ressuscitent, et la bonne nouvelle est annoncée aux pauvres. Heureux ceux pour qui je ne serai pas une occasion de chute.***

Non seulement il accomplit ces miracles et s'en prévaut mais communique aux douze le pouvoir d'en accomplir eux-mêmes (Matthieu 10, 8). Et même aux soixante-dix : Luc 10,9 et 10,17. Ceux-ci en useront sans lésiner tels Philippe le diacre (Actes 8, 6), Étienne (Actes 6, 8), Pierre et Jean (Actes 3, 6) et Paul (Actes 28,8). On doit relever soigneusement qu'ils ne se tiennent jamais pour les auteurs de ces bienfaits qui sont toujours dévolus ***au nom de Jésus***.

Avec les guérisons, ***innombrables***, c'est toujours l'amour du Seigneur pour les hommes qui est illustré : ***Pris aux entrailles, Jésus toucha leurs yeux*** (Matthieu 20,34). Il n'est absent nulle part, présent même pour les noces de Cana : ***Ils n'ont plus de vin*** avait déploré Marie.

Cette fervente empathie du Seigneur à l'égard des hommes, illustrée par les guérisons, est intimement liée à la prédication du Royaume : ***oui, tout le peuple est suspendu à lui pour l'entendre*** (Luc 19,48). ***Jésus parcourait toutes les villes et les villages enseignant dans les synagogues, prêchant la bonne nouvelle du Royaume et guérissant toute maladie et toute infirmité,*** (Matth. 9,35).

Jean relate surtout des cas individuels, mais il attribue clairement aux guérisons la ferveur des foules : Jean 6,2, ***La foule le suivait parce qu'elle voyait les miracles qu'il opérait sur les malades.***

Attribuer aux mythologistes les récits de guérisons ferait des quatre Évangiles une falsification, les priverait de toute crédibilité, tant cette sollicitude active du Seigneur devant la souffrance est indissociable de sa carrière terrestre, et inséparable de l'annonce du Royaume. Enfin, Paul, en I Tim. 1,4, récuse, exclut la notion de mythes dans l'Évangile : ***ne pas faire attention aux mythes et aux généalogies sans fin qui suscitent des discussions…*** et plus loin, en 4,7, ***les contes et les mythes bons pour les vieilles femmes…*** ou encore en Tite, 1,14... ***sans s'attacher aux mythes des juifs…*** (traduction Chouraqui).

On voit cette même liaison entre la prédication de la parole et les guérisons pour les disciples envoyés en mission : en Luc 9,6 : ***Ils annoncent le message et guérissent en tous lieux.***

Bultmann en vient à déclarer douteuse aussi la liesse populaire du dimanche des Rameaux. Or, elle est pareillement relatée par chacun des quatre Évangiles, en Matthieu 21,8, en Marc 11,8, en Luc 19,37 et en Jean 12,13. Luc précise... ***toute la multitude des disciples, saisie de joie, se mit à louer Dieu à haute voix pour tous***

les miracles qu'ils avaient vus. Or, il s'agit là de rien moins que du passage de l'Ancien au Nouveau Testament. C'est ce renversement entre la gloire de l'entrée à Jérusalem du dimanche des Rameaux et la crucifixion du Vendredi et de la résurrection du dimanche de Pâques qui révèle que ce champion national dont on attendait qu'il ***rétablisse Israël dans sa gloire*** est, en réalité, ***celui qui ôte les péchés du monde.***

C'est selon la messianité de Jésus que s'accomplissent ces miracles. Ce n'est pas parce qu'il les a opérés, ni pour ce qu'ils ont de merveilleux que je crois que le salut m'est, par lui, acquis, mais parce qu'ils témoignent de l'amour miséricordieux du Ressuscité. Bultmann observe que des rabbins pouvaient guérir, a fortiori donc le Seigneur lui-même. C'est exposé nu sur la croix, au vu et au su de la foule que Jésus est mort puis fut mis au tombeau sans conteste possible. Ses apparitions ensuite intervenues témoignent donc d'abord de sa résurrection. Ensuite, par et durant ces apparitions inspiratrices de la foi (Thomas : Jean 20, 26), le Seigneur poursuit et achève sa mission terrestre procédant à l'institution de l'Église : ***Tout pouvoir m'a été donné dans le ciel et sur la terre*** (Matth. 28,18) ; ***Allez par tout le monde et prêchez la bonne nouvelle à toute la création*** (Marc 16,15) ; ***la repentance et le pardon des péchés… à toutes les nations*** (Luc 24,47) ; ***allez faire de toutes les nations des disciples… et moi je suis avec vous tous les jours jusqu'à l'achèvement de l'ère*** (Matth. 28,19-20) ; ***Simon, fils de Jonas, m'aimes-tu… paix mes agneaux…*** (Jean 21, 15).

Lorsque, à l'occasion de différentes guérisons, le Seigneur met son intervention en relation avec la foi de son bénéficiaire ou de ses proches, ce n'est pas de leur confiance, ou en tout cas pas seulement, en sa capacité de leur apporter la guérison qu'il s'agit, car cette confiance tous ceux qui venaient en foule pour être guéris l'avaient nécessairement, mais c'est de la foi en sa parole en tant que Messie qu'il s'agit. Ainsi, dans la guérison du fils d'un officier du roi (Jean 4, 54) ***Va lui dit Jésus, ton fils vit, et cet homme crut à la parole que Jésus lui avait dite et il s'en alla***. De même Jean 7,31 : ***Plusieurs parmi la foule crurent en lui et ils disaient : le Christ quand il viendra fera-t-il plus de miracles que n'en fait celui-ci*** ? Ou encore Jean 12,37 : ***Malgré tant de miracles qu'il avait faits en leur présence ils ne croyaient pas en lui afin que s'accomplît la parole d'Esaïe le prophète...*** On peut encore relever la rencontre, au puits de Jacob, de Jésus avec la Samaritaine, longuement relatée, trente-huit versets[86], en Jean 4, 5-42 : ***Il m'a dit tout ce que j'ai fait*** s'était étonnée la femme auprès de ses compatriotes ; mais après que Jésus eut passé deux jours auprès d'eux, ils préciseront : ***Désormais, ce n'est plus sur tes dires que nous adhérons, oui, nous avons nous-mêmes entendu et nous savons qu'en vérité c'est lui le sauveur du monde.***

Le sacrifice de la croix, sur lequel insiste principalement Bultmann, ne justifie donc pas qu'il tienne pour secondaire la résurrection et douteuses les apparitions du Ressuscité. On ne peut être chrétien sans croire également au sacrifice de la croix et à la résurrection et sans, par conséquent, s'en remettre aux témoignages de ceux qui ont vécu, constaté l'une et l'autre (première épître de Paul aux Corinthiens chapitre 15). Le supplice de la croix est fort répandu en cette époque romaine – et c'est jusqu'à

---

[86] Et qui éveille un sourire, car la femme ne manque pas d'aplomb. Sur le développement de l'Église en Samarie après ces prémices, l'ouvrage d'O.Cullmann : *Le milieu Johannique* offre de riches enseignements (Delachaux et Niestlé)

cette torture, après qu'il eut été bafoué – que s'illustre l'humanité du Seigneur-Christ. Mais ce n'est pas parce que les larrons l'ont subi que je leur porterai foi. La mise en relation de la crucifixion du Seigneur avec les holocaustes de l'Ancien Testament ne peut bien sûr être méconnue ni la récusation du monde qu'elle illustre et implique de ma part, mais elle est cela et plus encore, parce qu'elle est celle du Christ ressuscité. Quand Paul écrit en I Corinthien 1, 23 : ***nous prêchons Christ crucifié, achoppement pour les juifs, folie pour les nations**,* c'est parce qu'il s'agit de la crucifixion du Messie, de l'oint de Dieu que le grec traduit par Christ, et c'est sa résurrection qui rend tangible sa messianité. C'est la résurrection qui donne à la croix son exaltation. C'est du simple goût du paradoxe, de la provocation, que procède la déclaration de Bultmann dans *Kerygma und Mythos* déjà cité : *la croix n'est pas l'événement sauveur parce qu'elle est la croix du Christ mais c'est parce qu'elle est l'événement sauveur qu'elle est la croix du Christ.* Il se place ainsi en contradiction avec I Cor. 1,23 : ***alors, nous nous proclamons le messie crucifié, achoppement pour les juifs, folie pour les nations.***

Les manifestations concrètes de la résurrection sont nécessaires pour répondre de son authenticité car il n'existe aucune intelligence ni subtilité cérébrale ni sagesse humaine qui permette de concevoir abstraitement la Résurrection que seul peut avérer le témoignage de ceux qui l'ont constatée. C'est bien parce que le Seigneur est ressuscité, et ressuscité en son corps, qu'il a pu goûter des aliments en deux de ses apparitions aux disciples. Et que ceci, comme aussi la liaison en Marc entre la multiplication des pains et la marche de Jésus sur les eaux relevée ci-après, porte un éclairage sur la Sainte Cène, ne peut que m'édifier.

En invoquant la science et le modernisme pour justifier sa distance à l'égard du sens littéral des textes évangéliques Bultmann se montre tel un rationaliste du 18ème siècle. La position qu'il exprime dans *Kerygma und Mythos* : *On ne peut pas utiliser la lumière électrique et un appareil de radio ou, en cas de maladie, recourir aux procédés médicaux et modernes, et en même temps croire au monde d'esprit et de miracles du Nouveau Testament,* est d'un athéisme vieillot. Luc était médecin. On savait parfaitement à l'époque de la lampe à huile qu'il était irrationnel de nourrir cinq mille personnes avec cinq pains et deux poissons et les témoins l'ont pourtant rapporté. Ils l'ont d'ailleurs non seulement attesté mais l'ont aussi, en Marc 6,52, mis en relation avec l'épisode de la marche de Jésus sur les eaux intervenue immédiatement après : ***Non, ils n'avaient pas compris pour les pains, leurs cœurs étaient endurcis***. En quoi l'ordinateur aujourd'hui, et son million de milliards d'opérations à la seconde, peuvent-ils répondre à nos interrogations sur la vie, la mort et la souffrance ? Qu'ils nous éloignent du prochain dans la solitude du virtuel et rendent la cupidité plus insatiable que jamais, n'est pas de nature à invalider l'Évangile.

On a vu que Bultmann se réclame de la théologie luthérienne. Or, Luther n'a pas mis les miracles en doute, ni réfuté la ferveur populaire du Dimanche des Rameaux, ni mis en doute les témoins de la résurrection. Il est tout aussi éloigné du Réformateur en matière de liberté qu'il déclare être seulement intérieure, méconnaissant qu'il est de la responsabilité du chrétien de l'exercer, de la mettre en œuvre en son milieu par le témoignage et la présence au monde, ainsi que Luther l'a recommandé avec force. Il est en contradiction aussi avec D. Bonhœffer qui a apporté la caution de sa vie et de sa mort à cette exhortation : *Et oser, non pas n'importe quoi mais ce qui est juste, non pas planer dans le possible mais saisir avec courage le réel. Ce n'est pas dans les fuyantes pensées mais dans l'action seule qu'est la liberté. Romps le cercle de tes hésitations anxieuses pour affronter la tempête des événements. Portée seule par la loi de Dieu et par la foi, la liberté accueillera ton esprit dans la jubilation.*

C'est radicalement que Bultmann récuse aussi la doctrine des deux règnes lorsqu'il déclare : *De ce fait, ni la communauté chrétienne, ni les individus qui la forment, n'ont de responsabilité vis-à-vis de ce monde et de son ordre des tâches à l'endroit de la société et de l'État*[87].

Bultmann a même tenté de mettre en doute la parousie, l'attente du règne à venir, en alléguant que Jésus, selon les synoptiques, ne se serait jamais attribué de titre messianique dans les synoptiques, se donnant à lui-même la dénomination de ***fils de l'homme***. Pour ne pas parler de malhonnêteté, disons que c'est là un total manque de perspicacité comme le prouve la simple lecture de Matth.16, 23 et 24,30 ou de Luc 14,35. Plus encore, s'il est possible, c'est la proclamation par Jésus devant le sanhédrin de sa messianité qui, en Marc 14,62, est le motif, la cause déterminante, de sa condamnation à la crucifixion.

Quand, enfin, pour faire la critique de la *théologie libérale* (qui peut être critiquée bien autrement), Bultmann veut détacher *foi et histoire,* et qu'il affirme : *Il n'y a qu'un seul problème : que signifie Dieu pour l'homme*[88] *?*, il

---

[87]*La théologie libérale et le récent mouvement théologique* (Chapitre : Foi et compréhension, 1924).

[88] Histoire et Eschatologie, Foi Vivante 1969.

pourrait au besoin faire état de Schleiermacher, mais pas de l'Évangile qui ne vise pas à fournir une *signification* de Dieu mais témoigne de son *incarnation*, qui non seulement appartient à l'histoire mais la contient et la régit, comme l'expose Oscar Cullman.

Comme Ellul, **Paul Ricœur** (1913-2005) a beaucoup écrit. C'est toujours sur la position au regard de serf arbitre chez cet auteur, comme pour ses collègues tenants de la *Nouvelle théologie*, que se rapportent nos observations.

Dans son œuvre, la volonté et le mal occupent une place prépondérante. Dans *Le volontaire et l'involontaire*[89], il expose d'entrée : *Les structures fondamentales du volontaire et de l'involontaire que l'on cherche ici à décrire et à comprendre ne recevront leur signification définitive que lorsque l'abstraction qui en a permis l'élaboration aura été levée. C'est en effet en mettant entre parenthèses la faute qui altère profondément l'intelligibilité de l'homme et la transcendance qui recèle l'origine radicale de la subjectivité, que se constituent une description pure et une compréhension du Volontaire et de l'Involontaire*. Il choisit donc délibérément de traiter son sujet en l'isolant d'abord de toute implication théologique et conclut fort logiquement avec un chapitre intitulé *: Une liberté seulement humaine.* On peut tenir, pour suite nécessaire d'une recherche ainsi délibérément cantonnée, son ouvrage *Le mal,* publié postérieurement[90], fondé sur la distinction entre mal commis et mal subi, d'une part, et sur la recherche de réponses aux deux questions : *unde malum ?* (pourquoi le mal ?) et *unde malum faciamus ?* (pourquoi faisons-nous le mal ?), d'autre part. Il confronte

---

[89] Aubier 1963

[90] Labor et Fides 1996

ici directement Augustin, dont il qualifie le discours d'onto-théo-logie, et Pélage, les renvoyant dos à dos en déclarant qu'ils offrent *deux versions opposées d'une vision strictement morale du mal, laissant sans réponse la protestation de la souffrance injuste, le premier en la condamnant au silence, au nom d'une inculpation en masse du genre humain, le second en l'ignorant, au nom d'un souci hautement éthique de la responsabilité.* C'est là une dérobade, un refus d'examiner le problème, plutôt qu'une appréciation.

C'est dans la Théodicée de Leibniz qu'il pense trouver les solutions aux différentes *apories*[91] (il use volontiers de ce terme en faveur chez les tenants de la *Nouvelle théologie*) que rencontre sa réflexion, sans pour autant la mener à son terme, puisqu'il appelle finalement de ses vœux....*un horizon... que seul un dialogue prolongé entre judéo-christianisme et bouddhisme pourrait identifier.* Il ne va pas plus loin et peut-être aurait-il eu du mal à approfondir son propos car, pensons-nous, ce n'est pas avec le bouddhisme qu'une confrontation féconde peut avoir lieu entre christianisme (et spécialement le serf arbitre) et doctrines orientales, mais avec la Bhagava Gita propre au Védanta[92] (si chère à A.Malraux) comme l'a fait observer le missionnaire évangélique allemand J.W Hauer. De plus, si c'est sur la souffrance et la délivrance <u>individuelle</u> de son emprise que repose, ou encore autour de laquelle gravite, la philosophie bouddhiste, l'affranchissement du mal et de la souffrance, objet aussi de la parole biblique, est, dans l'Évangile, indissociable de notre relation avec le prochain et le Salut est collectif.

---

[91] Impasse, interrogation non susceptible d'une réponse rationnelle.
[92] Excellente édition chez Aydiard 1954

X
L'ŒIL ET LE REGARD

Nous avons relevé que la pensée propre à l'Ancien Testament ne dissocie pas la notion d'âme de sa relation au corps, ne conçoit pas d'abstraction détachée de la condition physique. C'est ainsi que même la miséricorde divine et son action miséricordieuse dans la Bible sont traduites, selon la version Chouraqui, par ***matrice* et *matricier*** dès le Pentateuque. Ainsi, dans Exode 33,9 **:** ***je gracie qui je gracie, je matricie qui je matricie*** ; dans Deutéronome 13, 18 **:** ***il te donne des matrices, il te matricie et te multiplie*** ; Idem ensuite avec les livres prophétiques : Daniel 1,9 : ***Elohim donne Daniel en chérissement et matrices*** ; Esaïe 49 : ***a pitié de ces malheureux, il matrice ces humiliées ;*** Néhémie 919 : ***et toi dans tes matrices multiples*** ; Osée 2, 21 **:** ***je te fiancerai à moi, par la justice, le jugement, le chérissement, les matrices***, etc ... Dans le Nouveau : Luc 1,58 ***: ses voisins, ses proches, entendent que IHV Adonaï a magnifié son secours matriciel pour elles*** ; Luc 6,36 : ***soyez matriciels comme votre père est matriciel*** ; II Corinthiens 1, 3 : ***Elohim, le père de notre Adon, Jésus, le Messie, le père des matrices, l'Elohim de tout confort est béni***... etc. (106)

La miséricorde divine est donc reliée à la vie que donne et protège le ventre maternel. Notre naissance sur terre est bien, en effet, une condition nécessaire à notre salut.

De même, la notion de volonté et de puissance est exprimée par référence à la main. Celle de l'Éternel : Deut. 2,15 : ***la main de l'Éternel fut sur eux pour les détruire*** ; Juge 2,15 : ***la main de l'Éternel était contre***

eux ; I Sam. 5,6 : ***la main de l'Éternel s'appesantit sur Ashdod*** ; I Sam. 7,13 **:** ***la main de l'Éternel fut contre les philistins*** **;** II Roi 3,15 **:** ***la main de l'Éternel fut sur Elisée*** ; Esd. 8,22 : ***la main de notre Dieu est sur ceux qui le cherchent*** **;** Psa. 119,73 **:** ***Babylone était dans la main de l'Éternel une coupe d'or qui enivrait toute la terre.*** Dans le Nouveau Testament aussi : Luc 1,66 : ***la main du seigneur était avec lui*** (Jean-Baptiste) Actes 13,11 : ***maintenant voici la main du seigneur est sur toi, tu seras aveugle*** (Elymas) ; etc…

Les mains de Dieu sont aussi évoquées en Ps 31,6 ; 119,73 ; Esa. 49,16 ; Jér. 51,7 ; Ez. 21,22 ; Héb. 10,21. Nous en avons parlé avec la doctrine des deux règnes.

Les pieds, dans les psaumes, évoquent la droiture de l'homme et l'assurance de son état (Ps. 26,12 ; 31,9 ; 40,3 ; 56,14 ; etc…), ou encore les choix que l'on fait : ***Je retiens mes pieds de tout mauvais chemin*** (Ps. 119,101). Ils désignent aussi l'annonce du message : ***qu'ils sont beaux sur la montagne les pieds de celui qui apporte de bonnes nouvelles*** (Isaï, 52,7) ; ***chaussez vos pieds d'élan pour l'annonce de la paix,*** (Eph. 6,15) ; et aussi la toute-puissance au sens de mettre sous ses pieds.

C'est bien en ce sens allégorique que peuvent être compris les versets 29 et 30 du chapitre 5 de Matthieu, (repris au Ch. 18 ver. 7, 8 et 9) ainsi que les versets 43, 45 et 47 du chapitre IX de Marc : ***Si ta main te fait trébucher coupe-la… Si ton pied te fait trébucher, coupe-le… Si ton œil te fait trébucher, jette-le dehors…*** (l'œil droit pour Matthieu). Observons que toutes les versions de la Bible omettent un 44e et un 46e versets sautant directement de 43 à 45 et de 45 à 47 dans le Ch.9 de Marc. Serions-nous ainsi privés de précisions propres à éclairer le texte ? En tout cas, ces exhortations ne peuvent être entendues dans un sens littéral. Il ne s'agit pas de s'énucléer[93]. Et si on lit la suite des versets évoqués au paragraphe précédent soit, pour Matth. 5,29 ***: car il est avantageux pour toi qu'un seul de tes membre périsse plutôt que ton corps entier ne soit jeté dans la géhenne*** ; ou encore en Marc 9,47 ***: mieux vaut pour toi entrer dans le royaume de Dieu, n'ayant qu'un œil que d'avoir deux yeux et d'être jeté dans la géhenne)***, cela amène à méditer sur l'empreinte, ou encore le rôle du corps physique sur le corps glorieux.

L'œil, parfois désigné comme la ***lampe de ton corps*** (Luc, 11,33) et aussi celle du cœur *:* ***le Messie… vous donne… un souffle de sagesse… en illuminant les yeux de votre cœur*** (Eph.1, 18) est ici pris comme l'organe opératif de la fonction, à savoir le regard, la manière de voir et même l'orientation de la pensée. Remarquons que, dans Matthieu 18, c'est selon la manière de considérer les petits enfants que le regard peut être bon ou mauvais, selon qu'on est amené à les scandaliser ou au contraire à devenir comme eux.

Cette notion d'œil pour caractériser les bonnes ou mauvaises dispositions de l'homme selon sa façon de voir, son état intérieur, revient souvent tant dans l'Ancien que dans le Nouveau Testament au sens d'aveuglement quand l'Éternel ferme les yeux de tel homme ou de tel peuple (Es. 29,16 ; Mat. 13,15) ou lorsque au contraire c'est un éveil qu'il accorde (II Chr. 7,15) ou pour signifier l'intention bonne ou mauvaise : Job 24,15 *:* ***l'œil de l'adultère épie le crépuscule***, ou encore le seul regard concupiscent sur la femme rendant déjà coupable

[93] On sait qu'Origène déplora de s'être fourvoyé en suivant à la lettre Math. 19,12, in fine.

d'adultère (Matth. 5,28) et, à l'inverse Ps. 25,15 : ***je tourne constamment les yeux vers l'Éternel**,* etc…

Le regard sur soi-même et sur les autres

Le regard sur nous-mêmes ne peut rien nous apprendre si nous ne commençons par prendre en compte notre seule condition immédiate, tangible, on pourrait dire ici existentielle. Il nous faut d'abord nous reconnaître tels que nous sommes, indépendamment de toute complainte, honte, complaisance ou récrimination. Nous sommes ce que nous sommes de par la volonté divine. C'est irrécusable pour nous croyants, et pas seulement au titre du Traité du serf arbitre. Nous sommes de plus tenus de nous aimer puisque nous devons aimer notre prochain comme nous-mêmes, mais il ne s'agit évidemment pas de verser dans le narcissisme qui est la négation du prochain. Il nous faut donc accorder à l'autre ce même réalisme que nous nous devons, en ne le considérant pas comme nous voudrions qu'il soit mais tel qu'il est avec ses particularités par rapport aux nôtres, ses carences (ou ce que nous tenons pour telles), ses goûts, talents, faiblesses, opinions, son ethnie, bref, tel que Dieu l'a fait. Ceci nous est enseigné de la plus claire façon par la parabole du bon Samaritain évoquée ci-dessus.

Le rapport du prochain à nous-mêmes n'est donc pas non plus à prendre comme une assimilation (certains comprennent à tort *qui est toi-même)* puisqu'il requiert qu'on accepte qu'il soit tel que Dieu l'a fait, distinct de nous-mêmes dans son individualité, selon la parabole.

Mais, à côté de ce Samaritain compatissant, celui qui est abhorré, le pire, le moins fréquentable, selon sa réputation auprès des juifs orthodoxes, il faut aussi considérer ceux qui nous sont le plus naturellement proches, visés par Luc

14,26 ainsi qu'en Matthieu 10,37, et qui sembleraient voués non pas à notre commisération mais à notre haine : ***Si quelqu'un vient à moi et s'il ne hait pas son père, sa mère, sa femme, ses enfants, ses frères et sœurs et même sa propre vie, il ne peut être mon disciple.***

Dure apostrophe, mais ce n'est pas une incitation à haïr les plus proches de nos proches, mais à avertir ***ceux qui veulent me suivre***... Le texte précise en son début, verset 25 : ***De grandes foules faisaient route avec Jésus. Il se retourna et leur dit***... Jésus avertit ainsi ceux qui veulent continuer à le suivre, tant dans sa carrière terrestre qu'ensuite dans le témoignage, le ministère de la parole, qu'ils seront exposés à bien des difficultés, tracas, tourments, au point de devoir faire passer les tâches de leur vocation avant leurs affections familiales. Les linguistes expliquent en effet que le texte grec emploie le mot haïr selon l'acception de son équivalent en langue hébraïque dans laquelle il fut prononcé, qui ne connaît pas aimer plus ou aimer moins, mais seulement aimer ou haïr.

La mise en garde est illustrée par l'image de la tour à construire que l'on risque de ne pas pouvoir achever, et celle de l'armée plus redoutable que la sienne qu'il vaut mieux ne pas affronter. Suivre Jésus dans l'apostolat est donc une lourde tâche qu'il est difficile de mener jusqu'au bout. Jésus en fait l'avertissement.

La carrière de Paul offre une illustration saisissante des cruelles péripéties encourues dans une vie d'apôtre en II Cor. 11,24-29 : ***Souvent en danger de mort, cinq fois j'ai reçu des Juifs quarante coups moins un, trois fois j'ai été battu de verges, une fois j'ai été lapidé, trois fois j'ai fait naufrage, j'ai passé un jour et une nuit dans l'abîme. Fréquemment en voyage, j'ai été en péril sur les fleuves,***

en péril de la part des brigands, en péril de la part de ceux de ma nation, en péril de la part des païens, en péril dans les villes, en péril dans les déserts, en péril sur la mer, en péril parmi les faux frères. J'ai été dans le travail et dans la peine, exposé à de nombreuses veilles, à la faim et à la soif, à des jeûnes multipliés, au froid et à la nudité. Et sans parler d'autres choses, je suis assiégé chaque jour, par les soucis que me donnent toutes les Églises. Qui est faible, que je ne sois faible ? Qui vient à tomber, que je ne brûle ?[94]

Revenons au regard sur les autres. S'il est porté selon la parabole du fils prodigue ou celle de l'ouvrier de la dernière heure, c'est à nous réjouir de notre propre sort qu'il doit nous inciter au lieu de l'amertume d'une frustration que nous nous infligeons à nous-mêmes en déplorant de ne pas recevoir ce qui est donné aux autres, méconnaissant ce que nous avons reçu. L'ouvrier de la

---

[94] Ces terribles tribulations amènent à un rapprochement avec les commentaires accompagnant la mission confiée par le Seigneur à Ananias en Actes 9,15 : ***va, car cet homme est un instrument que j'ai choisi pour porter mon nom devant les nations, devant les rois, et devant les fils d'Israël ; et je lui montrerai tout ce qu'il doit souffrir pour mon nom.*** Cependant, trois versets après la relation de ses tourments, Paul parle avec une belle discrétion des ***paroles ineffables qu'il n'est pas permis à un homme d'exprimer*** en faisant comprendre qu'il en fut l'heureux destinataire. On peut évoquer de même dans Marc 10,28 (comme aussi en Math. 19,27 et en Luc 18,28) : ***Pierre se mit à lui dire : Voici, nous avons tout quitté, et nous t'avons suivi.*** Jésus répondit : ***Je vous le dis en vérité, il n'est personne qui, ayant quitté, à cause de moi et à cause de la bonne nouvelle, sa maison, ou sa femme ou ses frères, ou ses sœurs, ou sa mère, ou son père, ou ses enfants, ou ses terres, ne reçoive au centuple, présentement dans ce siècle-ci, des maisons, des frères, des sœurs des mères, des enfants et des terres avec des persécutions et dans le siècle à venir, la vie éternelle…*** Remarquons les compensations déjà promises ***présentement dans ce siècle-ci.***

première heure devrait se réjouir de n'avoir pas connu le chômage, et le fils dévoué se consoler de n'avoir jamais été gratifié d'un chevreau, en s'avisant qu'il lui a été épargné (ce que son frère a subi) d'envier le rassasiement des cochons.

Le regard des autres

C'est toujours à l'exercice de notre liberté en tant que croyants que nous nous référons en relevant l'une de ses pires entraves : le conformisme.

On est difficilement insensible aux regards des autres, qu'ils soient admiratifs, approbateurs, critiques, accusatoires ou même indifférents. On est facilement porté à se déterminer afin de refléter une certaine image à laquelle on veut répondre et, à l'inverse, nous distinguer de telles autres apparences ou conditions dont nous voulons nous différencier. On peut en arriver à tenir telles autres pour des éléments de comparaison, des références bonnes ou mauvaises, modèles ou repoussoirs, quant à la manière de nous situer, de nous définir et de nous comporter aux yeux de notre environnement, et cette dépendance est asservissante.

Il ne s'agit pas de la juste préoccupation de décence, du respect des usages, mais du fait de se considérer soi-même à travers les normes auxquelles on veut répondre, selon le format propre à la catégorie à laquelle on veut s'identifier. Cette soumission à des apparences est une véritable prison et la mieux gardée, car celle dans laquelle on s'enferme soi-même en subordonnant ses manières, les goûts et opinions qu'on affiche, les personnes qu'on fréquente, jusqu'au jugement qu'on porte sur soi-même, et sur ce qu'on appelle sa réussite, à des postures, des apparences que tels autres cultivent selon leur rang social, le prestige qu'on leur prête et qu'on tient ainsi pour normatives.

Peut-on se déclarer libre si on s'attache à ces catégories arbitraires, liées à des artifices, et en ignorant la vie intérieure de chacun ?

Il faut aussi relier le regard des autres avec le besoin de tout un chacun d'être aimé. La propension, à vouloir recevoir de l'amour, des signes et témoignages d'affection, fait partie de la nature humaine, comme aussi d'ailleurs de celle de beaucoup d'animaux. Mais l'amour qu'on peut éprouver, comme celui qui nous est témoigné, sont rarement désintéressés, rarement exempts d'un désir de réciprocité.

On est ici encore en présence de la notion de gratuité de l'amour et c'est pourquoi l'amour est un don divin qu'on ne peut exercer qu'après en avoir reçu le pouvoir par la grâce, dans la foi. ***Là où est l'Esprit du Seigneur, là est la liberté*** (II Cor. 3,17).

Ainsi, nous savons, nous croyants, qu'il nous appartient de faire le premier pas vers l'autre, en le sachant exposé comme nous à la souffrance, en dépit même de la suffisance, que pourrait lui inspirer une brillante condition du moment. Ce salut retournera à nous s'il n'est pas reçu (Luc 10,17).

Le regard sur le monde

La relation avec le monde est évoquée de manière brève et concise dans les trois synoptiques, Matth.13, 38 ; Marc 8,36 ; Luc 9,25, mais largement développée chez Jean où elle s'étend sur quatre chapitres, 14, 15, 16 et 17. La mise en garde à l'égard du monde n'opère pas un cloisonnement entre ce qui est du monde et ce qui ne l'est pas. La prière dite sacerdotale du chapitre 17, où le ***monde*** est dix-neuf fois cité, le dit : ***Je ne te prie pas de les retirer du monde, mais de les préserver du mal..*** Le ***monde*** est l'objet même de la révélation : ***comme tu m'as envoyé dans le monde, je les ai aussi envoyés dans le monde*** (verset 18).

L'homme du siècle attribue à sa liberté les choix qu'il exerce en faveur de ce qui lui paraît matériellement favorable ou pouvant satisfaire à sa volonté de puissance, ou encore en ce que cela contribue à l'image qu'il s'emploie à cultiver de lui-même aux yeux d'autrui. C'est là ce qui procède du monde selon l'Évangile. Il n'y a pas lieu à de longs développements quant à la recherche de richesses matérielles et de puissance. La mise en garde du Seigneur à l'égard des richesses matérielles est constante : ***Il est plus facile à un chameau de passer par le trou d'une aiguille qu'à un riche d'entrer dans le Royaume de Dieu***[95] : Matth. 19,24, idem Marc et Luc : ***ne vous amassez pas de trésors sur la terre*** (Matth. 6,19) etc… Il en est de même quant à la volonté de puissance : ***Si quelqu'un te frappe sur la joue droite, présente-lui aussi l'autre… Si quelqu'un te force à faire un mille, fais-en deux avec lui*** (Matth. 5, 40-41). Tout cela n'a de sens que pour le croyant et est inadmissible pour l'homme du siècle.

Ce ne sont cependant pas le pouvoir ni la richesse qui sont, en tant que tels, objets de réprobation dans l'Évangile, mais c'est l'usage qu'on en fait qui est visé

---

[95] Il a été exposé que l'expression ***trou d'une aiguille*** peut être en relation avec le nom donné à une étroite porte de Jérusalem, que les chameaux ne pouvaient franchir que débâtés.

comme aussi, ce qui revient au même, en vue duquel on les recherche, quand bien même on ne les obtiendrait jamais[96]. Pouvoir et richesse sont inscrits dans le plan divin. Jésus n'avait ***pas de lieu où reposer sa tête*** mais n'a pas refusé de porter une riche tunique faite d'une seule pièce d'étoffe. Il n'est pas venu instituer la pauvreté. D'un ***homme riche,*** Zachée, chef des Publicains, le Seigneur qui s'était invité chez lui (Luc. 19,1), déclara que le salut était ***entré dans*** (sa*)* ***maison*** et il le proclama ***Fils d'Abraham*** sachant qu'il donnait ***la moitié de ses biens aux pauvres*** et rendait le quadruple à quelqu'un ***s'il lui avait fait tort de quelque chose.*** Il fallait que ***Joseph*** (fût) ***un homme riche*** (Matth. 27,57) pour fournir au corps du Seigneur un ***sépulcre neuf taillé dans le roc dans un jardin*** (Jean 19,41). Il a voué à la connaissance du ***monde entier*** la mémoire de la pécheresse qui oignit ses pieds d'un ***parfum de nard de grand prix*** (Marc 14,3 et, selon variantes, Matth 26,7, Luc 1,37 et Jean 12,3). Relevons avec jubilation qu'au bout de deux millénaires de propagation de l'Évangile, ***en mémoire de cette femme,*** on raconte en effet ***dans le monde entier ce qu'elle a fait***.

Quant à la puissance, au pouvoir, rappelons la cinglante apostrophe de Jésus à Pilate qui est un des fondements de

---

[98] Le premier article des Béatitudes (Matthieu 5,3) peut revêtir, selon les traducteurs, des significations très différentes. Segond donne ***heureux les pauvres en esprit*** et c'est aussi la traduction de l'École de Jérusalem. Certains commentateurs comprennent cette formule comme visant ceux qui ont l'esprit de pauvreté, c'est-à-dire qui, pouvant être riches, ne se confient pas dans leurs richesses. La TOB donne ***Heureux les pauvres de cœur*** en proposant aussi dans les commentaires *pauvres par l'esprit* et en précisant qu'il ne s'agit pas d'être privé du Saint-Esprit ni d'intelligence mais de ceux qui ont le cœur brisé. Chouraqui donne ***En marche les humiliés du souffle*** en précisant dans une note que ce sens aurait été éclairé et confirmé par les manuscrits de la mer Morte, mais sans plus de précision.

la Doctrine des deux règnes : ***Tu n'aurais sur moi aucun pouvoir s'il ne t'avait été donné d'en haut*** (Jean 19,11). Ou encore, à des publicains venus pour être baptisés et lui demandant ***que devons-nous faire ?*** Jean-Baptiste répondit ***N'exigez rien au-delà de ce qui vous a été ordonné*** validant la légitimité de leur fonction (Luc 3, 13). De même aux soldats lui demandant : *Et nous que devons-nous faire* ? il répond : ***Ne commettez ni extorsions ni fraude envers personne et contentez-vous de votre solde*** (Luc 3, 14), sans les détourner de leur état. Rendant hommage à la foi du Centurion, Jésus guérit sur l'instant son serviteur (Matth. 8,5).

Nouvelle naissance, nouveau regard

On dit d'un nouveau-né qu'il vient au monde. Il y entre, le découvre, l'expérimente. La nouvelle naissance c'est donc l'accès à un autre monde.

Ce ne peut être le fait d'une réflexion logique. Le monde est ce qu'il est et Nicodème n'est pas fautif de s'insurger : (L'homme) ***peut-il une deuxième fois entrer dans le ventre de sa mère***... Jean 3,4). Mais c'est d'***entrer au Royaume de Dieu*** qu'il s'agit (Jean 3,5), ce qui implique ***eau et Esprit*** c'est-à-dire Baptême et Révélation et Révélation défiant la rationalité.

C'est la découverte d'une autre réalité selon laquelle les choses, les événements et les personnes revêtent un autre aspect, une autre réalité répondant à une autre logique que celle de l'homme du siècle. C'est une transformation du regard créant une autre façon d'être tant intérieurement qu'à l'égard d'autrui.

XI
L'EXIGENCE DE VÉRITÉ

Nous avons recherché, parmi les tenants de la *Nouvelle Théologie,* leurs positions respectives à l'égard du Traité du Serf Arbitre de Martin Luther. Nous pensons avoir montré que ce Traité a été parfois volontairement ignoré ou implicitement admis, mais qu'il n'a que très rarement été franchement approuvé en étant désigné comme tel.

La discrétion des théologiens et prédicateurs à l'égard du Traité donne la mesure de l'exigence de vérité de son auteur qui n'était évidemment pas inconscient de l'embarras qu'il susciterait. Mais il ne s'est pas arrêté à cet obstacle précisant : *il faut aller jusque-là...* Imaginons qu'il ait déclaré – à l'inverse de la position que nous rappelons au tout début de cette étude – qu'il tenait ses livres pour édifiants à l'exception du Traité, il serait alors apparu évident qu'il désavouait du même coup le salut par la foi seule, exclusive de tout mérite, indissociable du Traité, véritable pôle d'orientation de sa lecture biblique.

La véhémence, et même l'insolence, dont Luther fait preuve à l'égard d'Érasme, spécialement lorsqu'il s'insurge (début de la Préface) contre une dissimulation de *certaines notions… aux oreilles du tout-venant,* marque son refus d'une prédication frelatée. *Qui t'a donné le pouvoir,* s'exclame-t-il, *conféré le droit de lier la doctrine chrétienne aux lieux, aux personnes, aux temps et aux causes, alors que le Christ a voulu qu'elle se diffuse et règne très librement sur toute la terre* ? (GF 113)

La revendication du sacerdoce universel vient à l'appui de ce refus d'un enseignement hiérarchisé, comme le rétablissement pour tous de la communion sous les deux espèces. Erasme n'a pas fait état, pour se justifier, de Matth.7, 6 : *Ne donnez pas ce qui est sacré aux chiens, ne jetez pas vos perles à la face des pourceaux...* parce que même son *tout venant* n'est pas assimilable aux chiens et aux pourceaux et que tout est perle et sacré dans la Parole de celui qui est ***venu dans le monde pour témoigner de la vérité*** (Jean 18, 37).

La vie de Luther, tant publique que privée, est exempte de compromission. Elle a toujours été en conformité avec sa théologie. Elle compte parmi les illustrations, pas très fréquentes, que fournit l'histoire, de la cohérence entre un enseignement et la conduite, le mode d'existence, de son propagateur. L'un cautionne l'autre.

Il n'a aspiré à aucune richesse. Souvent dans le besoin il se refusait pourtant à percevoir ce qu'on appelle aujourd'hui des droits d'auteur de ses imprimeurs, lesquels pourtant en tiraient grand profit[97].

Il ne parle jamais de lui-même avec complaisance, mais il est farouchement déterminé s'agissant de sa vocation évangélique : *les blasphèmes et propos outrageants par quoi il est porté atteinte à ma personne, bien qu'ils soient nombreux, j'entends, sans y avoir répondu, en avoir fait cadeau à mon cher romaniste. Ils ne m'inquiètent nullement ; jamais je ne me suis proposé de me venger de ceux qui outragent ma personne, ma vie, mon œuvre, mon être ; je sais moi-même, fort bien, que je ne suis pas digne d'éloges ; mais que, pour maintenir l'Écriture, je sois plus tranchant et plus échauffé que certains peuvent le souffrir,*

---

[97] M.Michelet, *op. cite.*

nul ne me le reprochera équitablement ; je n'entends pas non plus m'en départir. (119)

Des oreilles pour entendre

On retrouve, dans le Nouveau Testament, la liaison entre le concret et les notions abstraites, propre à la mentalité hébraïque déjà évoquée pour l'Ancien Testament. Outre la main, le pied, l'œil, l'oreille, c'est aussi aux arbres, aux grains, aux troupeaux, aux montagnes, à la faim, aux fleurs, à l'herbe des champs, aux récoltes, à la paille et à la poutre, à la perle, au bâtiment, au pain, à la vigne et au vin, aux talents, au salaire, au banquet… que se réfèrent les paraboles et leçons du Seigneur. Il ne s'agit pas seulement de se faire comprendre par un peuple peu cultivé. À la question des disciples : (Matthieu13, 12-15) ***pourquoi leur parles-tu par des exemples*** ? Jésus répond **:** ***À vous il est donné de connaître les mystères du royaume des cieux tandis qu'à ceux-là ce n'est pas donné*** et de citer Esaïe 6,9 : ***vous aurez beau entendre, vous ne comprendrez pas***... Mais il est fort peu pensable que le Seigneur parle longuement au peuple afin qu'il n'y comprenne rien. Cela signifie qu'aux seuls apôtres il donne, par des explications en clair, d'être instruits des ***mystères*** qu'ils auront à charge de pénétrer (et dont ils n'auront réellement la compréhension qu'avec le don de l'Esprit à la Pentecôte, puis alors de les transmettre.)

C'est bien ainsi que, dans le même chapitre, au verset 34, c'est le Psaume 78 qui est cité : ***J'ouvrirai la bouche pour dire des paraboles, je proclamerai des choses cachées depuis la fondation du monde.***

Si, d'ailleurs, les apôtres ont cette faveur d'un enseignement plus explicite, le contenu de l'enseignement du Seigneur est enfin à comprendre au-delà des mots par tous ceux à qui cela est donné, y compris le peuple. C'est la formule qui revient en leitmotiv au terme de ses enseignements : ***Que celui qui a des oreilles pour entendre, entende***. Ainsi, s'adressant à la foule en Matthieu 11,15, aux disciples en Marc 9,13, à propos d'Elie et Jean-Baptiste ; en Matthieu 13,9, aux apôtres à propos de la parabole du semeur, et à la foule aussi selon Marc 4,9 ; idem et ***à haute voix*** en Luc 8,8 ; encore en Matthieu 13,43 en relation avec la fin des temps ou encore, à propos du divorce, en Matth. 19,11 : ***Tous ne saisissent pas cette parole mais ceux à qui c'est donné…*** Concernant la lampe, le propos est précédé de ***Car il n'est rien de caché qui ne doive être découvert, rien de secret qui ne doive être mis au jour*** (Marc 4,22-23) ; en Marc 7,16, c'est après avoir ***de nouveau appelé la foule à lui*** pour préciser ***ce qui sort de l'homme c'est ce qui le souille***, que le Seigneur fait cet appel à ***celui qui a des oreilles pour entendre,*** et encore en Luc 14,35 à propos du ***sel de la terre.***

Cette marge de compréhension procédant de l'indicible n'appelle donc pas tant à des spéculations ou ornements de langage qu'à l'aspiration à des oreilles entendant[98]. C'est aussi de l'accès à la liberté, qu'il s'agit : ***Vous connaîtrez la vérité et la vérité vous affranchira*** (Jean 8,32).

---

[98]Ceux de la foule étant aussi invités à entendre s'ils ont des oreilles qui s'y prêtent. On trouve encore ici une des illustrations du principe du sacerdoce universel, énoncé par Luther, selon lequel il n'y a plus de classe sacerdotale comme dans l'Ancien Testament. Tous les chrétiens sont à la fois prêtres et rois. Les dons de l'Esprit étant multiples, le ministère de la parole est confié aux plus aptes à en assumer la charge. Cette transition est marquée, au moment de la mort de Jésus, par la déchirure de haut en bas du voile du Temple qui séparait le peuple du lieu saint où seuls les prêtres avaient accès (Marc 15, 38).

XII
LA JUSTIFICATION

L'ampleur de la vocation que Luther a accomplie peut se mesurer à la diversité des opinions qui ont été exprimées sur l'influence qu'il aurait eue dans l'évolution des idées et le déroulement de l'histoire. Ainsi, il a été déclaré responsable de l'individualisme moderne (J.Maritain, notamment, dans *Trois Réformateurs*), de la dissolution du pouvoir central et des révolutions (Pierre Gaxotte : *La révolution française*) mais aussi de l'unité de l'Allemagne par Karsten Klaehn : *Martin Luther, sa conception politique*[99]. D'autres encore ont voulu lui attribuer ou lui reprocher, c'est selon, la démocratie

Luther est aussi l'un des personnages dont la vie et l'enseignement ont suscité les plus grossières, haineuses ou encore malicieuses calomnies. Nombre de pamphlets ont circulé à son encontre de son vivant, et même par la suite, jusqu'à P.Ménard, traducteur de la Diatribe en français, comme on l'a vu. Ceci faute de pouvoir lui opposer de légitimes réfutations[100] .

---

[99] Sorlot 1941

[100] On peut consulter aussi Maurice Gravier, qui a initié le courant contemporain de la traduction de Luther en français, bien qu'il traite de la question plus sous l'angle de l'histoire que de la théologie. Ainsi évoquant les idéales ou idéalistes années 1520-1525 dans la carrière de Luther, il ne fait pas état du serf arbitre de 1525. Il mentionne, dans sa conclusion, les nécessités contingentes propres à la gestion du siècle et de l'Église comme si elles étaient apparues au Réformateur seulement ensuite, durant la seconde partie de sa carrière, ne faisant aucune allusion au traité *De l'autorité temporelle et des limites de l'obéissance* qu'on lui doit pourtant, publié en 1523.

Mais nul ne conteste plus maintenant le rôle de Luther dans la sauvegarde de la chrétienté occidentale face à l'égarement dans lequel elle était entraînée par la hiérarchie romaine du moment. Avec le trafic des indulgences, la papauté affichait un véritable mépris de l'Évangile, reliant le salut à l'argent pour s'entourer d'un faste ostensible. Qualifier d'antéchrist le pape du moment s'imposait. Il fallait donc détacher la conscience chrétienne de sa soumission à une autorité dévoyée et lui rendre pour repère les Écritures saintes. Pierre Chaunu, dans sa préface à la traduction par le professeur Pierre Jundt de la Confession d'Augsbourg et de son Apologie[101], parle du phénomène Réformation comme d'une *nouvelle pentecôte... une réactualisation de la première, de l'unique pentecôte.*

Sans la réforme luthérienne l'église romaine n'aurait pas effectué ce qu'elle a appelé pudiquement sa *Contre-Réforme* afin de regrouper les siens. Premier temps d'un cheminement qui s'est remis en marche avec Vatican II (1962-1965).

Le père Yves Congar (1904 -1995) qui compta parmi les importants animateurs du Concile a exprimé à propos de Luther cet avis : *Luther est un des plus grands génies religieux de toute l'histoire, je le mets à cet égard sur le même plan que Saint Augustin, Saint Thomas d'Aquin ou Pascal. D'une certaine manière il est encore plus grand. Il a repensé tout le christianisme. Luther fut un homme d'Église*[102].

---

[101] Éditions du Cerf, 1989

[102] Journal Le Monde 29 mars 1975 et *Une vie pour la vérité, Jean Puyo interroge le Père Congar.* Paris, Éditions du Centurion 1975, page 19.

Le Père Congar fut aussi un infatigable artisan du mouvement œcuménique. En sa longue carrière, à quelques années près, il aurait pu en vivre un succès majeur : la souscription par la Fédération luthérienne mondiale et la Curie romaine en 1999 d'une *Déclaration conjointe sur la Justification.* Long texte comprenant quarante-quatre articles, plus un consistant énoncé des sources dont elle découle. Ses articles 19 et 20 disent ceci littéralement :

Art.19 : *Nous confessons ensemble que la nature humaine est pour son salut entièrement dépendante de la grâce salvatrice de Dieu. La liberté qui est la sienne face aux personnes et aux choses de ce monde n'est pas une liberté vis-à-vis de son salut. Cela signifie : en tant que pécheur il est placé sous le jugement de Dieu et incapable de se tourner lui-même vers Dieu en vue de son salut, voire de mériter sa justification devant Dieu ou d'atteindre son salut par ses propres forces. La justification est opérée par la grâce seule.*

Art. 20 : *Lorsque les catholiques affirment que, lors de la préparation en vue de la justification et de son acceptation, la personne humaine « coopère » par approbation à l'agir justifiant de Dieu, ils considèrent une telle approbation personnelle comme étant une action de la grâce et non pas le résultat d'une action dont la personne humaine serait capable.*

Malgré la prudence des formulations, il est notoire que ces déclarations – que le contexte ne contredit pas mais conforte – rompant avec le semi-pélagianisme, récusent tacitement la Diatribe et sanctionnent la pertinence du

Traité du Serf Arbitre, faisant droit de facto à la place que lui donne Luther parmi ses livres.

ESSAI DE RÉSUMÉ DU TRAITE DU SERF ARBITRE DE MARTIN LUTHER

Nous nous référons au texte publié par Gallimard Folio.

Lettre d'accompagnement

Luther se justifie d'avoir tardé à rédiger sa réponse puis fait assaut de politesse, rend hommage aux multiples talents d'Erasme, mais aussi qualifie de *vile* sa diatribe comparée à ses ouvrages habituels *si beaux et si talentueux.* Il fait référence aux Loci théologici de Philippe Melanchthon. Il reproche à Erasme d'être *fuyant et ondoyant.* Il le compare un peu plus loin à Protée pouvant revêtir toutes formes diverses. Il déplore que la Diatribe soit aussi peu convaincante, alors qu'exprimée par un esprit pourtant aussi distingué que celui d'Erasme, et ajoute que celle-ci l'a encore affermi dans sa conviction relative au Serf Arbitre (63-68)

PRÉFACE (71)

Le Réformateur évoque le reproche d'Erasme relatif à son *obstination dans ses assertions.* Après une explication linguistique sur le terme *assertio*, il répond en se référant à l'exhortation de l'apôtre Paul : *insister... même à contre-temps* (II Tim. 4,2), cite aussi Mat. 10,32 : ***Quiconque me confessera devant les hommes, je le confesserai aussi devant mon père*** et ajoute : *ce serait un drôle de prédicateur celui qui ne croirait pas avec certitude et assurance ce qu'il prêche...* Il relève ensuite les très fréquentes références que fait Erasme aux *décrets de l'Église* (73) en déplorant qu'il leur soumette en toutes circonstances son jugement *qu'il comprenne ou ne les* *comprenne pas ce qu'ils prescrivent* selon les propres termes d'Erasme (I A 4). (75)

Il l'interpelle *: Ne suffit-il pas d'avoir soumis son jugement à l'Écriture sainte ? Te soumets-tu encore aux décrets de l'Église ? Que peuvent ordonner ceux-ci qui ne soient pas ordonnés par les Écritures ?*

Sur la distinction que fait Erasme entre les dogmes accessibles et ceux dont le sens est (77) caché, ramenant toujours le débat aux Écritures et reconnaissant, certes, que beaucoup de passages peuvent en être trouvés obscurs, c'est, précise-t-il, parce que de même qu'il y a Dieu et l'Écriture, il y a aussi le Créateur et la créature, et que ce n'est pas l'Écriture qui est obscure mais l'entendement de certains qui est infirme tant que ne leur a pas été donné l'Esprit de pénétration sans quoi les efforts de l'homme sont vains.

Toutefois Luther ne conteste pas qu'il est des mystères qui nous échappent et que la foi nous enseigne que Dieu est cependant juste et bon. Cela, en démontrant l'infirmité de l'homme, établit l'inanité du Libre Arbitre (78). Il ajoute *Il est insensé et impie de savoir que toutes les choses contenues dans l'écriture sont placées dans une très claire lumière, et de prétendre toutefois qu'elles sont obscures à cause de quelques mots obscurs* (1A8). (79)

Citant Rom. 15,4, il fait reproche à Erasme (IA 7) d'y opposer Rom. 1,33 ***Ses jugements sont insondables*** en lui donnant pour signification « les jugements des Écritures sont insondables » alors qu'il s'agit des jugements de Dieu (81) Il qualifie d'*intolérable* de ranger l'affaire du libre arbitre (comme le fait Érasme) au nombre de celles qui sont inutiles et non nécessaires (83).

S'insurgeant contre l'avis d'Erasme selon lequel il serait *irréligieux, indiscret, superflu de chercher à savoir si notre volonté fait quelque chose dans les affaires qui concernent le salut éternel ou si elle subit seulement l'action de la grâce agissante*, il est au contraire, dit-il, d'une importance capitale pour le chrétien... de savoir si la volonté peut agir dans les choses qui concernent le salut et il fait ce reproche à Erasme : *Tu veux écrire au sujet du Libre Arbitre et tu commences par jeter par-dessus bord l'ensemble du sujet ainsi que ses parties* (85).

Il se résume : *par conséquent, il n'est pas irréligieux, indiscret et superflu de savoir si la volonté peut quelque chose dans les choses qui concernent le salut ; mais cela est, en premier lieu, salutaire et nécessaire pour le chrétien. Bien mieux, afin que tu le saches, ici est le pivot de notre dispute ; ici se trouve le statut constitutif de ce débat car ce que nous cherchons à savoir c'est ce que peut vraiment le libre arbitre, ce qu'il subit, comment il se porte en relation avec la grâce de Dieu. Si nous ne savons pas cela, nous ne saurons vraiment rien des choses chrétiennes et nous serons pires que tous les païens (*88).

Il y revient encore : *Si tu as raison de traiter du libre arbitre, pourquoi blâmes-tu ceux qui le font et s'il n'est pas bon de traiter de cette question, pourquoi le fais-tu ?*

Suit une critique de la distinction des scolastiques entre ce qui, dans la volonté (90) de Dieu, serait *contingent* ou bien *immuable* à quoi il oppose cette affirmation à laquelle il revient et reviendra par la suite : *Toutes choses arrivent par nécessité,* sans quoi, précise-t-il, *la foi s'éteint, les promesses de Dieu et l'Évangile tout entier s'écroulent. (93)*

Il observe que, pour les païens eux-mêmes, tout arrive par nécessité, citant Virgile (95) et sa référence au destin. Pour le chrétien, cette notion de destin, de nécessité, réside dans la certitude que *Dieu connaît, veut et fera infailliblement, immuablement et nécessairement ce qu'il promet.* Il citera plus loin Esd. 46,10 *: Mes arrêts subsisteront et j'exécuterai toutes mes volontés*, demandant *quel enfant ne comprendrait ce que signifient ces mots : arrêts, volonté, subsister, exécuter ?*

Il en vient au souci qu'exprime Erasme de paix, de patience et même de concessions, ce que Luther résume en *Tranquillité de la chair* pour y voir un épicurisme et il fait référence à la doctrine des Deux règnes. (97)

Comme Erasme déclare (I A 9) *que certaines choses, même si elles étaient vraies et pouvaient être connues, sont toutefois d'un genre tel qu'il n'est pas bon de les exposer aux oreilles du tout-venant, (100),* Luther l'interpellant avec véhémence lui demande de se souvenir de l'objet du débat, à savoir le prétendu libre arbitre, (101) qu'il veut défendre tout en en règlementant l'exercice : *Les gens du peuple ne doivent pas être pris au filet de fausses lois au point d'être tourmentés par les péchés là où Dieu a voulu qu'il n'y ait pas de péché... Les consciences,* ajoute-t-il un peu plus loin *ne sont liées que par le précepte du nom de Dieu seul, afin que cette tyrannie intermédiaire des pontifes – qui terrorisent à faux, tuent à l'intérieur les âmes et à l'extérieur fatiguent en vain le corps – soit tout à fait abolie. (104)*

Revenant au tri arbitraire auquel prétend Érasme entre ce qui peut être révélé à certains et ne doit pas l'être à tous, il lui reproche de rechercher *ainsi la tranquillité de la chair* au lieu de *la foi, la conscience, du salut, de la parole de Dieu, la gloire du Christ et Dieu lui-même*. Pour rappeler que c'est le sort constant de la parole de Dieu que le monde soit en tumulte à cause d'elle, il rappelle (Matthieu 10,34) ***je ne suis pas venu apporter la paix mais l'épée*** (107). Concédant que le désir de paix d'Érasme peut procéder d'une *bonne intention*, il taxe ce choix de *puéril* et expose que ce n'est pas le rejet de la vérité qui peut instaurer la paix. (110)

Il y insiste à nouveau plus loin *: qui t'a donné le pouvoir ou conféré le droit de lier la doctrine chrétienne aux lieux, aux personnes, aux temps, et aux causes, alors que le Christ a voulu qu'elle se diffuse et règne très librement sur toute la terre ? (113)* et il rappelle *: j'ai déjà prouvé plus haut que les choses révélées dans les écritures sont telles qu'exposées, elles doivent nécessairement se divulguer et sont salutaires comme toi aussi tu l'as établi toi-même dans ton exhortation à un dessein alors meilleur que présentement. (115)*

Il en vient au paradoxe d'Augustin *: Dieu opère en nous les bonnes et les mauvaises choses... où Érasme voit une grande fenêtre... donnant passage à l'impiété (*qui*) s'ouvrirait aux mortels si cette parole était divulguée (116).* Il rétorque *: Ici donc à ce que je vois, tu estimes que la vérité et l'utilité de l'écriture doivent être pesées et jugées selon la façon de sentir des hommes et seulement de ceux qui sont très impies. Ce qui ne leur plairait ou leur paraîtrait supportable, cela serait vrai, divin, salutaire ; ce qui ne leur plairait pas serait bientôt inutile, faux, pernicieux. Que cherches-tu donc avec ton conseil, sinon à faire dépendre la parole de Dieu de l'arbitrage et de l'autorité des hommes auxquels elle devrait de se maintenir ou de tomber... ? (118)*

Pour répondre à la question d'Erasme *Quelle est donc l'utilité ou la nécessité de divulguer de telles choses, puisque tant de maux semblent en résulter ?* Il répond : *il suffirait que Dieu l'ait voulu ; nous ne pouvons pas rechercher les raisons de la volonté divine mais adorer cette volonté et rendre gloire à Dieu. (121)*

Il propose encore deux raisons pour prêcher cette doctrine : *La première c'est l'humiliation de notre orgueil et la connaissance de la grâce de Dieu, la seconde c'est la foi chrétienne elle-même... (*laquelle*) concerne les choses que l'on ne voit pas... par conséquent il n'y a de foi que si les choses auxquelles je crois sont cachées... Ainsi, Dieu cache sa clémence et sa miséricorde éternelle sous la colère éternelle, la justice sous l'iniquité – C'est ici le plus haut degré de la foi de croire qu'il est clément, celui qui sauve si peu d'hommes et en damne un si grand nombre, de croire qu'il est juste... (123) Si donc je pouvais comprendre par quelque raison, comment un Dieu qui montre tant de colère et d'injustice est miséricordieux et juste, qu'aurais-je besoin de la foi ?*

Il en vient au second paradoxe : *tout ce qui est fait par nous ne se produit pas par le moyen du libre arbitre mais par pure nécessité. S'il est démontré que notre salut dépend uniquement de l'œuvre de Dieu, notre effort n'y étant pour rien – ainsi que je compte l'établir par la suite – n'en résulte-t-il pas que tout ce que nous faisons sans l'assistance de Dieu est mauvais ?... Je dis que nous devons faire le mal nécessairement (necessario), non point par l'effet d'une contrainte (coacte) comme on dit, en vertu d'une nécessité d'immutabilité et non de contrainte. (124)*

Il exprime ensuite cette image *: ainsi la volonté humaine est placée entre les deux, telle une bête de somme. Si c'est Dieu qui la monte, elle va là où Dieu veut, comme dit le psaume : « je suis devenu comme une bête de somme ; et je suis toujours avec toi » si c'est Satan qui la monte, elle veut aller et elle va là où veut Satan. Et il n'y a pas en son arbitrage de courir vers l'un ou l'autre de ces cavaliers ou de le chercher ; mais ce sont les cavaliers eux-mêmes qui se combattent pour s'emparer d'elle et la posséder (127)*

Il conclut : *d'où il suit que le Libre Arbitre privé de la grâce de Dieu n'est pas libre mais prisonnier et asservi au mal puisqu'il ne peut de lui-même se tourner vers le bien... il s'ensuit que le Libre Arbitre est tout à fait un nom divin et qu'il ne peut convenir à personne si ce n'est à la seule majesté divine. (129)*

Semblant concéder que l'homme puisse parler de son libre arbitre*, c'est-à-dire de telle manière qu'il sache qu'en ce qui concerne sa fortune et ses possessions il a le droit d'user et d'agir et de s'abstenir conformément au libre arbitre,* il enchaîne en ajoutant immédiatement – *quoique cela même soit aussi régi par le libre arbitre de Dieu seul, en n'importe quelle direction qu'il lui plaise.* (131)

Il conteste l'autorité des auteurs dont se prévaut Érasme et lui fait observer que, parmi ceux dont lui-même se réclame, outre Wyclif et Laurent Valla, Érasme semble ignorer qu'il se prévaut aussi d'Augustin.

Cependant, Luther ne méconnaît évidemment pas le caractère apparemment choquant de cette position et déclare : *Je reconnais, mon cher Erasme, que tu es à juste titre ému par tout cela. Il y a plus de 10 ans que j'en suis ému moi-même et je pense qu'il n'y a personne qui en soit plus remué que moi,* et il évoque brièvement les tourments qu'il a dû surmonter pour établir sa conviction et décider de l'exposer. (138)

Comme Erasme fait état des miracles qu'auraient accomplis certains Saints comme illustration du Libre Arbitre, Luther réplique que la Diatribe aurait tout aussi bien pu citer à ce titre les magiciens d'Égypte lors de leur confrontation avec Moïse, et il observe que *l'autorité, la science, l'intelligence ont aussi été données aux païens.*

Il invoque alors la simple expérience et défie *les beaux docteurs du libre arbitre* de faire état concrètement d'un acte libre : *guérir un cheval boiteux*, (évoqué par Erasme, I B 6), *créer une grenouille, tuer une puce, au nom et par la vertu du libre arbitre. (142)* Il révoque le mérite qu'Erasme rattache à la sainteté au nom du libre arbitre, citant à nouveau Augustin et aussi Bernard. (144)

L'avis des Pères de l'Église invoqué par Erasme est sans autorité car, outre qu'il est contraire aux Écritures, il n'a jamais été donné aucune définition intelligible du libre arbitre, lequel n'est donc qu'un *vocable menteur*. (148)

Et il en vient à Jérôme dont se prévaut Erasme et auquel il reviendra plus loin. Il déclare *: Il y a en effet beaucoup de passages de cette sorte chez les Pères. Et, pour ne citer qu'un exemple, qu'y a-t-il de plus charnel, que dis-je, de plus impie, de plus sacrilège et de plus blasphématoire que cette phrase de Saint Jérôme : « La virginité emplit le ciel, le mariage emplit la terre ». Comme si les patriarches, les apôtres et les époux chrétiens appartenaient à la terre et non au ciel, tandis que le ciel serait destiné aux vestales païennes qui ne connaissaient pas le Christ !*

Cela n'empêche pas les sophistes de collectionner de tels passages chez les Pères et de leur conférer une autorité en s'attachant bien plus à leur nombre qu'à leur valeur... (151)

Comme Erasme avait déploré cette appréciation péjorative à l'égard d'autorités ecclésiastiques, rejaillissant sur l'Église, le Réformateur évoque l'emploi parfois abusif du mot Église et l'image que certains en donnent et notamment *ces fanatiques qui interprètent les Ecritures en les soumettant à leur propre esprit.* Mais il affirme sa certitude que Dieu cependant n'abandonne pas son Église. (152) Ne refusant pas de tenir pour saints ou pour l'Église de Dieu ceux que cite Erasme, il ajoute que la notion de sainteté, comme celle d'Église, peut être fourvoyée. (154-156)

Il poursuit en observant que, quand bien même la Parole semble parfois obscure à notre entendement infirme, elle seule éclaire. Il développe ce thème par de nombreuses citations qu'il commente : Deu. 17,8 – Ps 19,9 – Ps 119,10 -Ps. 143,10 – II Cor. 3,7 – Luc. 21,15 ...(162). Il cite la déclaration de Jean Huss : *le Pape et ses satellites ne sont pas l'Église dont parle le Christ. (169)*

Il reproche à nouveau à Erasme de collationner les opinions des docteurs dans son introduction sans rien affirmer lui-même et il revendique à nouveau la prééminence des Écritures sur les opinions des docteurs. (175)

Il anticipe sa conclusion : ni les Écritures ni l'expérience de la vie ne justifient la thèse du Libre Arbitre. Enfin il relève l'incohérence de la Diatribe disant, pour contester le Serf arbitre, que les Saintes Écritures ne sont pas claires et qui, cependant, invoque l'opinion de tels personnages parce qu'ils sont *très avisés dans la connaissance de l'Écriture* pour tenter de justifier le libre arbitre. (176)

PREMIÈRE PARTIE

Luther observe que comme pour toute bonne démonstration, il convient de s'accorder sur le sens des mots et tout d'abord quant à cette définition d'Erasme : *Nous entendons par Libre Arbitre la force de la volonté humaine, grâce à laquelle l'homme peut s'attacher aux choses qui conduisent au salut éternel ou s'en détourner* (IB10). Il déplore qu'Erasme n'ait expliqué aucun terme de cette définition. Ainsi, demande-t-il, que doit-on entendre par *force de la volonté humaine,* par *s'attacher*, par *choses qui conduisent* et *se détourner ? (183)*

Il expose que tout cela ramène à vouloir ou non vouloir et déclare que, même chez les plus grandes intelligences (l'Aréopage grec face à Paul, Pline, Lucien), le vouloir est impropre à la réception de la grâce et à la croyance au salut. (185)

Suit l'évocation du pélagianisme qui revendique pleinement le Libre Arbitre et que Luther confronte aux doctrines des platoniciens et des péripatéticiens ainsi qu'à l'enseignement du docte Pierre Lombard et, à nouveau, à l'enseignement de Saint Augustin, à savoir l'inanité du Libre Arbitre sans la Grâce qui seule confère la liberté, affranchit de l'asservissement du péché. (188)

Erasme voit au libre arbitre trois différents aspects possibles (IIA 11), ce qui, expose Luther, n'apporte aucune réponse à la question de savoir si l'homme en est ou non doté. (193)

Il réaffirme avec Wyclif que « tout arrive en vertu d'une pure nécessité ». (198) Il en vient ensuite au livre de Sirach (l'Ecclésiastique) 15,14 et suivants (Voir note en fin de résumé) dont se prévaut Erasme (II A1), à savoir : ***Dieu a constitué l'homme dès le commencement et l'a laissé en la main de son conseil*** qui est, dit-il, *vainement invoqué* car cela ne signifie pas que l'homme a ainsi été doué du libre arbitre puisque le texte dit ensuite ***il ajouta ses commandements et ses préceptes.*** (201) Toutes les promesses de Dieu s'accompagnant du conditionnel explicite ou implicite. Ainsi en est-il de Genèse 4,7 : ***Tu ne laisseras pas agir le péché sur toi… mais tu domineras sur lui***, invitant Caïn à ce qu'il doit et non, à ce qu'il peut et à ce qu'il ne peut effectivement pas.

Il fait à nouveau allusion à Sir. 15,17 dont le propos est à comprendre au sens de la Doctrine des deux règnes. (202) Il fait observer que l'Hébreu emploie fréquemment le futur de l'indicatif au lieu de l'impératif, de telle sorte que des formulations comme Tu n'auras pas d'autre Dieu devant ma face… Tu ne tueras pas etc… pourraient conduire à voir là une promesse au lieu d'une injonction : or, c'est un commandement et donc bien une injonction. (203)

Vient cet argument, l'interpellation adressée à Moïse : je mets devant toi la vie et la mort, choisis la vie (Deut. 30,15), dont Erasme déduit (IIA14) qu'il y aurait là la possibilité d'un choix et donc l'existence d'un Libre Arbitre. (203)

Luther répond qu'il ne suffit pas que Dieu dise « choisis » pour que Moïse puisse choisir, car ce choix dépend de l'Esprit qui autrement ne serait pas nécessaire, et réaffirme : La loi est édictée non pas pour affirmer la force de la volonté mais pour éclairer la raison aveugle afin qu'elle voie combien faible est sa lumière et combien faible la puissance de la volonté. C'est par la loi que vient la connaissance du péché, déclare Paul (Romain 3,20), il dit La connaissance, il ne dit pas « l'abolition » ou « la possibilité d'éviter », tout le sens et la force de la loi résident dans la connaissance et seulement dans la connaissance du péché mais non dans une force qui serait communiquée à l'homme… tout ce que peut faire la loi selon Paul c'est de nous faire connaître notre péché. (206)

Il récuse encore la signification abusive que donne la Diatribe au texte de l'Ecclésiastique 15,16. (208)

Revenant à Deu. 30,15, il fait observer que, lorsque le texte dit : ***j'ai placé devant la face le chemin de la vie et de la mort, choisis ce qui est bon***, cela ne signifie pas « tu as la force ou la puissance de choisir » *(212)*, car, ajoute-t-il, *Moïse ne dit pas tu as la force ou la puissance de choisir mais choisis, garde, fais. Il transmet des préceptes concernant l'action, mais il ne décrit pas la faculté de l'homme. (215)*

L'écriture, dit-il, *traduit cette infirmité, elle nous présente un homme tel que non seulement il est ligoté, malheureux, captif, malade, mort, mais qui, par l'œuvre de Satan, qui est son prince, ajouta à sa misère seule de la cécité, au point qu'il se croit libre et heureux, sans lien, puissant, en bonne santé, vivant. En effet, Satan sait bien que, si l'homme connaissait sa misère, il ne pourrait retenir personne sous son règne, parce que, s'agissant d'une misère qui est reconnue éthique, Dieu ne peut pas ne pas en avoir aussitôt pitié et lui venir en aide. (218)*

Il examine ensuite différents autres textes de l'Ancien Testament impliquant, selon Erasme (IIA15), que l'homme puisse disposer d'un certain Libre Arbitre, notamment Esaïe 1,19 : ***Si vous voulez m'obéir, vous mangerez les meilleures productions du pays*** ; ou encore Esaïe 21,12 : ***Si vous voulez interroger, interrogez ; convertissez-vous et revenez*** ; ou encore Esaïe 45,22 : ***Tournez-vous vers moi et vous serez sauvés,*** etc... Il reprend l'objection déjà exprimée : toutes ces injonctions ne prouvent pas que l'homme soit capable de les suivre, elles sont conditionnelles. Il ajoute : le commandement d'aimer Dieu nous montre ce que nous devons mais non la force de notre volonté ou ce que nous pouvons : il nous montre au contraire ce que nous ne pouvons pas. (219-220)

Il reproche à Erasme de raisonner comme si ce qui doit être était effectivement, comme si « devoir » et « avoir », « exiger » et « accomplir », « demander » et « donner » étaient des expressions synonymes. Ainsi, dans Ezéchiel : ***Je ne désire pas la mort du pécheur*** ne signifie nullement « Je ne désire pas que l'homme pèche » mais plutôt « qu'il se convertisse et qu'il vit ». (226) Il reconnaît qu'une telle position pourrait, certes, entraîner le désespoir et cite alors et commente divers textes des Écritures qui sont ceux de l'espérance, les promesses qui n'exigent rien de nous : Ps. 14,7 – Ps. 23, 3 – Ez. 18, 23 – 33, 11 – Ps. 69,17 – Mat. 11,28 – Ex. 20,6... (228)

Il évoque aussi Mat. 12,20 citant Esaïe 42,3 : ***Il ne brisera pas un roseau froissé, il n'éteindra pas une mèche fumante*** (aussi cité par Erasme, IB9). Distinguant le Dieu prêché et le Dieu caché, il expose : Dieu fait beaucoup de choses qu'il ne nous révèle pas par sa parole. Il veut aussi beaucoup de choses dont sa parole ne nous révèle pas qu'il les veut, et il ajoute : quant à savoir pourquoi cette majesté divine n'abolit pas ou ne change pas chez tous les hommes ce vice de notre volonté alors qu'il n'est pas au pouvoir de l'homme de le faire, ou pourquoi elle l'en rend responsable alors que l'homme ne peut s'en libérer, c'est là ce qu'il n'est pas permis de rechercher et, même si tu cherches inlassablement à le savoir, tu ne le trouveras jamais. (231-232) Erasme en arrive à se contredire en interprétant Deut. XXX comme s'il était non seulement possible à l'homme de faire la volonté divine par ses propres forces mais que cela lui serait facile. (235-236)

Ce sont ensuite les locutions du Nouveau Testament invoquées par Erasme (238) (IIB1) comme postulant le Libre Arbitre qu'examine le Réformateur : Matthieu 23,37 : ***Jérusalem ! Jérusalem ! Combien de fois ai-je voulu rassembler tes enfants et ils ne l'ont pas voulu !*** Erasme demande en effet : si tout arrive en vertu d'une pure nécessité, Jérusalem ne pourrait-elle pas, à bon droit, répondre au Seigneur : « *Pourquoi verses-tu des larmes vaines ? Si tu ne voulais pas que nous écoutions les prophètes, pourquoi les as-tu envoyés, pourquoi nous imputes-tu ce qui a eu lieu par ta volonté et en ce qui nous concerne par nécessité* ? À quoi Luther répond que si cette objection était exacte, elle prouverait l'existence d'une volonté libre capable de faire tout ce que les prophètes ont prêché, ce que la Diatribe elle-même n'ose pas affirmer et dit à nouveau : *on ne doit pas entamer de discussion au sujet de cette volonté secrète de la majesté divine et l'on doit en détourner cette raison humaine téméraire et perverse qui prétend s'y attaquer ; elle ne doit pas s'occuper de sonder ces mystères de la majesté divine qui, au témoignage de Paul (I Tim 6,16), habite une lumière inaccessible. Qu'elle s'occupe plutôt du Dieu incarné ou, pour parler comme Paul (Col 2,3), du Christ crucifié en* *qui sont cachés tous les trésors de la sagesse et de la science. C'est par lui que nous avons en abondance tout ce que nous devons savoir ou ne pas savoir, c'est ce Dieu incarné qui dit ici : « J'ai voulu et tu n'as pas voulu » (240).* Il ajoute *: c'est une chose bien connue parmi les Chrétiens, que les prophètes ont agi et prêché au nom du Christ futur qui était promis et devait devenir un Dieu incarné. C'est donc à bon droit qu'on appelle volonté du Christ ce qui, depuis le commencement du monde a été annoncé aux hommes par les ministres de la Parole. (241)*

De même, pour Matthieu 19,17 : ***Si tu veux entrer dans la vie, observe les commandements***. Erasme demande : comment pourrait-on dire « si tu veux », alors que la volonté n'est pas libre ? Luther reprend alors ce qu'il a déjà exposé, à savoir que ce « si » conditionnel, qu'on trouve en de multiples autres passages de l'Évangile (Matthieu 19,21 ; Luc 9,23 ; Matthieu 16,25 ; Jean 14,15 ; Jean 15,7….), à savoir que la conjonction, si loin d'établir le Libre Arbitre de l'homme, montre au contraire que celui-ci ne peut par lui-même vouloir le bien : ces commandements ne nous révèlent pas seulement l'impuissance du Libre Arbitre, ils nous montrent aussi la possibilité de les accomplir grâce à une aide extérieure, à savoir la Grâce de Dieu, et il cite l'épître de Paul aux Corinthiens (I Cor. 4,7) : ***Qu'avons-nous donc que nous n'ayons reçu*** ? (242-243)

Suit l'examen de la notion de mérite : Qu'en est-il du Christ et du Saint-Esprit (245) si, grâce au libre arbitre, nous pouvons faire des bonnes œuvres et acquérir des mérites ? Le Nouveau Testament contient essentiellement des promesses et des exhortations, tandis que l'Ancien Testament contient avant tout des lois et des menaces… De même que la loi procure la connaissance du péché et nous donne le sentiment de notre impuissance (d'où il ne résulte évidemment pas que nous puissions faire quelque chose), de même ces promesses et ces menaces nous enseignent les conséquences du péché et de cette impuissance révélée par la loi. (245-246) Allant jusqu'au bout de sa démarche, il ajoute : bien plus s'ils (les enfants de Dieu) faisaient le bien afin d'avoir part au Royaume, ils ne l'obtiendraient jamais et seraient bien plutôt rangés au nombre des impies qui, même en Dieu, ne cherche, que leurs intérêts. Les enfants de Dieu au contraire, ne font pas le bien pour obtenir une récompense mais pour la Gloire de Dieu et par obéissance à sa volonté, et ils seraient encore prêts à le faire, même si – par impossible – il n'y avait ni Royaume, ni Dieu, ni Enfer. Cela, me semble-t-il, est suffisamment confirmé par cette parole du Christ (Matthieu 25,34) : ***Venez, vous qui êtes bénis de mon père, prenez possession du royaume qui vous a été préparé dès la fondation du monde***. (249 -251)

Revenant sur la récompense et le mérite, il conclut : il est par conséquent établi que le salaire ne prouve pas le mérite, tout au moins dans l'Écriture. Ensuite, le mérite ne prouve pas le Libre Arbitre, encore moins un Libre Arbitre tel que la Diatribe a entrepris de le prouver. (253)

Quant à l'argument tiré par Erasme de Matthieu 7,20, (IIB2) : ***Vous les reconnaîtrez à <u>leurs</u> fruits*** (visant le possessif « leurs »), Luther qualifie cet argument de sophisme précisant : Pourquoi donc n'appellerais-je pas nôtres les œuvres que Dieu nous a inspirées par son Esprit ou bien le Christ ne serait-il pas « nôtre », parce que ce n'est pas nous qui l'avons fait et que nous nous sommes bornés à le recevoir ? Inversement, si nous devons faire nous-mêmes ce qui est appelé « nôtre », c'est donc nous qui avons fait nous-mêmes nos yeux, qui avons fait nous-mêmes nos mains, qui avons fait nous-mêmes nos pieds, puisque tout cela est appelé « nôtre ». (255) Lorsque le Christ déclare publiquement : ***ils ne savent pas ce qu'ils font*** (Luc 23,14), il en résulte qu'ils ne peuvent vouloir le bien et non l'inverse.

Il en vient au dernier argument de cette partie de la Diatribe prétendant justifier le libre arbitre : Comment (dit Erasme, II B 3) Dieu pourrait-il imputer à l'homme le mépris de la loi si sa volonté n'est pas libre ? Comment Dieu invite-t-il à la pénitence, lui qui est l'auteur de l'impénitence ? Comment y a-t-il une juste condamnation là où le juge force à mal agir ? Luther réplique : « Que la Diatribe s'occupe de ces questions ! » et expose à nouveau que si cela prouvait que le Libre Arbitre pouvait le bien, il faudrait en déduire que le Libre Arbitre peut tout. Il revient enfin à nouveau à la thèse de Wyclif « Tout arrive par nécessité » et déclare que c'est à tort que le concile de Constance, ou plutôt la conjuration et la sédition de Constance, a condamné cette thèse. (260)

DEUXIÈME PARTIE

a) Textes bibliques opposés au libre arbitre

Luther avait annoncé dès la fin de la première partie : *Tu vas voir ce que peuvent les vaines fumées de l'homme contre les éclairs et le tonnerre de Dieu.*

Erasme soutient qu'il n'y a que deux textes dans les Écritures (IIIA1) qu'on pourrait prétendre s'opposer au Libre Arbitre : Ex. 9,12 ***L'Éternel a endurci le cœur du Pharaon*** et Mal. 1,2 et suivants : ***J'ai aimé Jacob et j'ai eu de la haine pour Esaü***, textes commentés par Paul dans son épître aux Romains (9,13) qu'Erasme qualifie de *travail fâcheux et inutile*.

Luther expose que, pour pouvoir adopter une telle position, Erasme est obligé d'attribuer, à tous les autres nombreux passages des Écritures révoquant le libre arbitre, non pas leur sens positif mais un sens figuré, *tropologique*, et s'insurge contre cette manière de détourner la parole biblique de sa signification littérale et concrète à l'instar d'Origène, des Ariens ainsi que de Zwingli (relativement à la présence réelle dans la Sainte Cène). Il conteste avoir lui-même pratiqué ce procédé, contrairement à ce que prétend Erasme. (266)

Puis il revient à Rom. 9 avec le verset 18 : ***Ainsi il fait miséricorde à qui il veut et il endurcit qui il veut*** et déclare : il ne suffit pas que tu dises : « il peut y avoir ici un trope » mais la question est de savoir s'il doit y avoir et s'il faut qu'il y ait ici un trope. Et si tu ne montres pas ostensiblement qu'il y a nécessairement un trope, tu n'as rien fait du tout… La question ne porte pas sur l'usage d'une autre personne qui est le lecteur, mais sur l'usage de l'auteur lui-même qui est Paul. (270)

Suit un exposé sur les incohérences, voire absurdités, pouvant résulter de l'interprétation comme « trope » des textes de l'Écriture qu'il qualifie de *misérables échappatoires* dont usent Origène et, à l'occasion, Jérôme. Divers exemples sont donnés qui montrent qu'ainsi on peut finir par faire dire aux textes l'inverse de ce qu'ils signifient. (271-276) Il développe encore son thème d'introduction : *Tout ce qui nous arrive, arrive par nécessité*. Si nous dépouillons Dieu de son pouvoir d'élection, il devient alors semblable à une idole du genre de la déesse Fortune, symbole du destin aveugle. (277 -279)

Luther convient que, si Erasme a choisi d'attribuer à Ex 9,12 un sens figuré, c'est afin de ne pas imputer à Dieu la responsabilité d'endurcir les cœurs et d'attribuer au Libre Arbitre du Pharaon la responsabilité de son endurcissement. Mais, ajoute-t-il, en ne voulant pas accorder à la seule volonté de Dieu le pouvoir d'endurcir ou de faire miséricorde, nous en arrivons à attribuer au Libre Arbitre la faculté de tout faire sans la grâce : *Que le Libre Arbitre fasse dans le monde tout entier, et avec ses forces tout entières, tout ce qu'il peut, il ne reproduira pas cependant, à titre d'exemple, une chose par laquelle il pourrait éviter d'être endurci sans que Dieu lui ait donné l'esprit, ou par laquelle il mériterait miséricorde s'il était abandonné à ses propres forces.* (282)

À l'argument que prétend ensuite tirer Erasme du récit de la création : ***Dieu vit que cela était bon**,* il réplique d'abord qu'il est faux d'appliquer cette parole à la condition de l'homme après la chute, alors qu'elle concerne la création antérieure à la chute. De plus, ajoute-t-il, *Bien des choses sont vues par Dieu et sont très bonnes (à ses yeux) qui sont vues par nous et sont très mauvaises (aux nôtres).* (284)

Et il se résume ainsi *: Dieu est ! Et de sa volonté il n'y a ni cause ni raison qui lui soient prescrites comme si c'était une règle et une mesure. Car rien ne lui est égal ou supérieur, mais elle est elle-même la règle de toute chose. En effet, si elle avait eu une règle ou mesure, ou encore droit parce qu'il doit ou a dû le vouloir ainsi ; au contraire, c'est parce que lui-même veut qu'il en soit ainsi, que ce qui arrive ainsi doit être droit. À la volonté de la créature sont prescrites une cause et une raison, non pas à la volonté du créateur – à moins que tu ne mettes au-dessus de lui un autre créateur. (292)*

Ayant ainsi *suffisamment réfuté les propos tropologiques de la Diatribe,* il reprend et développe les explications déjà données concernant l'endurcissement de Pharaon : Ce que veut montrer Moïse, c'est moins encore la méchanceté de Pharaon que la vérité et la miséricorde de Dieu afin que les enfants d'Israël ne se défient pas des promesses de Dieu qui leur a promis de les libérer... *Tu vois ici que Pharaon est endurci afin qu'il résiste à Dieu et retarde la délivrance et qu'ainsi l'occasion soit donnée de manifester la puissance de Dieu par des miracles.* (294)

Il récuse le sens figuré, donné à l'expression ***J'endurcirai*** dans Ex. 9 qui est prise par Erasme comme signifiant « Envoyer des épreuves pour amender », et finalement donc « Faire miséricorde » et détourner le mot de son contexte. La miséricorde c'est aux enfants d'Israël qu'ici elle est faite en même temps que leur sont donnés par Dieu les signes de sa toute-puissance. Enfin, quand Dieu dit ***J'endurcirai,*** il ne peut mentir et Pharaon ne peut donc pas ne pas être endurci. (296) Il déplore la *jonglerie verbale* d'Érasme en son argumentation sur Romain IX invoquant diverses formes de nécessité (*de conséquence* ou encore *ordonnée*), ainsi qu'il s'en est déjà expliqué. (297)

Évoquant le cas de Judas, il brocarde la Diatribe quand elle prétend que Judas devait nécessairement trahir et cependant pouvait modifier sa volonté et il expose : *Il est vrai que Judas a agi volontairement et non par l'effet d'une contrainte, mais cette volonté était l'œuvre de Dieu qui la mettait en mouvement par l'effet de sa toute-puissance comme il meut toutes choses.* (298)

Il affronte alors cette objection *: Comment Dieu peut-il alors encore blâmer, s'il n'y a pas de Libre Arbitre et qu'il n'est pas en notre possession de modifier sa volonté. (IIIA17).* Il concède d'abord *: J'avoue, il est vrai, que la question est difficile et mieux encore impossible à résoudre si l'on prétend affirmer à la fois ces deux choses : la prescience de Dieu et la liberté de l'homme. Il est en effet difficile et même impossible d'affirmer que deux thèses contradictoires ne se contredisent pas ou que le même chiffre peut être à la fois dix ou neuf.* Mais il cite alors la troisième demande du Notre Père ***Que ta volonté soit faite sur la terre comme au ciel*** et déclare *: N'est-ce pas, en effet, scruter témérairement que de s'efforcer d'accorder la très libre prescience de Dieu avec notre liberté – prêts que nous sommes à abroger cette prescience si elle ne nous permet pas la liberté ou si elle nous impose la nécessité et à dire avec ceux qui murmurent et blasphème : « Pourquoi Dieu se plaint-il encore ? Qui résisterait à sa volonté, où est donc le dieu très clément par nature ? Celui qui ne veut pas la mort du pécheur ? Nous a-t-il créés pour qu'il prît plaisir aux souffrances des hommes ? » et autres choses semblables que les derniers hurleront aux enfers pour l'éternité. (302)* Reconnaissant bien volontiers qu'une telle affirmation offense le sens commun, qu'on appelle la raison naturelle, il ajoute *: Moi-même j'en ai été scandalisé plus d'une fois jusqu'au plus profond désespoir, au point de souhaiter de ne pas avoir été fait homme – jusqu'au moment où j'ai reconnu combien ce désespoir était salutaire et combien la Grâce était proche. (304)*

Il reproche ensuite à la Diatribe de ne pas aller jusqu'au terme de ses raisonnements lorsqu'ils ne peuvent être poursuivis avec succès. Il reprend l'exemple de Judas et à nouveau la distinction des sophistes entre *nécessité violente* concernant l'œuvre et *nécessité infaillible* concernant le temps. Revenant à l'avis d'Erasme selon lequel : *si on considère la prescience infaillible de Dieu, Judas devait nécessairement trahir ; et cependant, Judas pouvait modifier sa volonté,* il lance cette interpellation *vois ce que dit ici la Diatribe.... Comment Judas pouvait-il modifier sa volonté si la prescience de Dieu est infaillible ? Ou bien pouvait-il modifier cette prescience et la rendre faillible ?* (309)

Revenant à la citation par Paul de Genèse 25,23 en Romain 9 à propos d'Esaü et Jacob, il reproche à Erasme d'éluder le débat sur la phrase : ***Le plus grand servira le plus petit*** et de confondre salaire et mérite. (311)

Jérôme ici encore invoqué par Erasme est à nouveau pris à partie, Luther s'indignant qu'avec lui Erasme laisse entendre que Paul aurait écrit autre chose que ce qu'il a voulu dire : Dieu a appelé Jacob dès avant sa naissance parce qu'il l'aimait et non parce que Jacob l'aurait aimé le premier ou aurait attiré cette grâce par quelque mérite... Contrairement donc à ce que prétend la Diatribe, c'est indépendamment de tout mérite de notre part que Dieu aime ou hait. (313)

Et il revient sur Mal. 1,2 aussi cité par Paul dans Rom. 9,13 : ***J'ai aimé Jacob et j'ai haï Esaü.*** Il expose qu'il ne faut pas confondre la manière d'aimer et de haïr des hommes et celle de Dieu (316 – 318)

Reprenant l'allégorie proposée par Paul du potier et de l'argile, Luther observe à nouveau que, comme les vases ne se font pas d'eux-mêmes mais de par la volonté du potier, de même, *il n'est pas de doute que les afflictions viennent de Dieu malgré nous et nous mettent dans la nécessité de les supporter, que nous le voulions ou non ; et il n'est pas en notre pouvoir de les écarter, même si nous sommes exhortés à les supporter volontairement. (322)*

Suit un développement sur les différents usages et destinations des vases du potier et l'apparente injustice de cette discrimination rapportée à l'homme. Ici, à nouveau, Luther invite la raison humaine à s'incliner devant ce qui lui échappe. (325)

Pour montrer l'infirmité de la raison humaine, il expose : *Si nous voulons suivre la raison, il est aussi injuste de récompenser les gens qui en sont indignes que de punir les gens qui ne l'ont pas mérité,* et il ajoute : *que devient le pouvoir du potier de faire ce qu'il veut, s'il est soumis à des mérites et à des lois... ? si Dieu te plaît quand il récompense les indignes, il ne doit pas te déplaire lorsqu'il condamne ceux qui ne l'ont pas mérité.* (328)

b) Textes cités par Luther dans son assertion de 1520 (III B 1)

Il s'agit tout d'abord de Gen.6, 3 : ***Mon esprit ne restera pas toujours dans l'homme car il n'est que chair***. . Erasme veut (IIIB1) que ce texte concerne les hommes du temps de Noé seulement. Luther persiste à affirmer qu'il s'agit du genre humain tout entier. Il consacre un long développement à ce qu'il faut entendre par chair. Pour Erasme, faisant référence encore à Jérôme, le mot chair doit être relié à la faiblesse humaine alors que le mot esprit doit être relié à la colère. (335)

Luther expose qu'il s'agit pour chair de chaque homme lorsqu'il est privé de Dieu, car, selon Jean 3,6 : ***ce qui n'est pas né de l'Esprit est chair***. S'associant aux positions antérieurement exprimées par Philippe Melanchthon, Luther insiste : c'est *tout le genre humain qui est chair, ce qui est né de la chair ne peut recevoir le royaume de Dieu. (*337)

Seconde citation mise en discussion, Gen.6, 5 : ***Les pensées du cœur de l'homme se portent chaque jour vers le mal***. Erasme veut que « cœur de l'homme » désigne certains hommes mais pas tous. Luther réplique que le texte hébreu ne parle pas de « la plupart des hommes » et dit même toutes les pensées de son cœur. (339) Comme la Diatribe demande : Pourquoi alors la possibilité de la repentance… si tout se produit par nécessité ? Luther répond : Pour que les hommes, humiliés par leur incapacité à faire le bien, parviennent à la grâce.

Troisième citation, Esaïe 40,2 : ***Elle*** (Jérusalem) ***a reçu de l'Eternel le double de tous ses péchés***. Il ne s'agit pas, dit le Réformateur, comme le prétend Erasme avec Jérôme, de la vengeance divine mais de la grâce accordée pour ses péchés comme l'annonce l'introduction : ***Consolez, consolez mon peuple.*** *(341)*

Suivent des références au joug pesant de la loi et à un nouveau ***service de guerre*** (Job 7,1 – I ; Sam 2,22 ; Ex. 38,8) celui de l'Esprit. Le Libre Arbitre livré à ses propres forces ne peut que servir le péché. S'agissant du récit des Actes des Apôtres au sujet de Corneille, auteur d'œuvres bonnes avant son baptême, Luther fait observer que, nulle part ici, il n'est dit que les œuvres de Corneille furent bonnes sans le Saint-Esprit, et ajoute, qu'autrement, on devrait dire aussi que Jean-Baptiste, ses parents, Marie, Siméon… n'avaient pas reçu le Saint-Esprit. (342) Quatrième citation, on revient avec Esaïe 40,6 aux *balivernes de Jérôme* qui donne au mot *Esprit* le sens de

« *colère* » et au mot *chair* le sens de « *faiblesse humaine* ». Or, quand Esaïe dit ***toute chair est comme l'herbe*** il s'agit du peuple tout entier et citant Jean 3,6 : ***Ce qui est né de la chair est chair, ce qui est né de l'Esprit est Esprit***, il réaffirme : *c'est tout le genre humain qui est chair*. (347)

Pour qualifier le genre humain, Luther poursuit : *Quant à nous, nous savons que dans le genre humain tout entier sont compris le corps et l'âme avec toutes leurs forces et toutes leurs œuvres, avec tous leurs vices et toutes leurs vertus, avec toute leur sagesse et toutes leurs sottises, avec toute leur justice et toute leur injustice. Toutes ces choses sont chair parce que pour toutes ces choses, c'est la chair, qui est à leur goût (c'est-à-dire des choses qui leur appartiennent) et elles sont privées de la gloire de Dieu et de son esprit comme dit Paul en Romain III.* Quant aux actes réputés vertueux (patriotisme, dévouement familial…) ? qui paraissent honorables et ne le sont que pour la seule gloire de l'homme, ils sont impies tant qu'ils ne sont pas accomplis pour la Gloire de Dieu. (353-354)

Suit une explication linguistique sur la distinction en latin entre chair et esprit résolue par référence à Jean 3,6 : ***Ce qui est né de la chair est chair***. (355)

Il se réfère alors au texte de Jer.10, 23 : ***Je le sais, Ô Éternel ! La voie de l'homme n'est pas en son pouvoir, ce n'est pas à l'homme quand il marche à diriger ses pas***. Erasme ayant soutenu (IIIB5) que ce texte se rapporte à l'issue favorable ou défavorable des entreprises humaines n'excluant pas le Libre Arbitre, Luther lui reproche de fuir encore le débat et de négliger le contexte, à savoir la constatation par le prophète que sa volonté ne peut agir si Dieu lui-même n'agit pas intérieurement dans les cœurs. Évoquant alors Mat. 10,30 : ***Les cheveux de ta tête sont comptés***, dont Erasme récuse le sens littéral (IIIC1O), il demande comment le Libre Arbitre, n'ayant pas de pouvoir sur la créature, pourrait-il en avoir sur le Créateur… Ou bien le Libre Arbitre et le Saint-Esprit seraient-ils une seule et même chose ? (359-360)

La distinction est relevée entre s'efforcer vers le bien et y parvenir. Erasme faisant référence au Ps.5, ver. 9 : ***Éternel conduis-moi dans la justice***… et se prévalant de la prière comme démontrant l'effort de l'homme vers le bien, Luther répond que celui qui prie, prie par l'esprit ou plutôt c'est l'esprit qui prie en nous. Il cite Rom ; 8,15 : ***Vous avez reçu un Esprit d'adoption***… et conclut : Comment donc l'effort du Saint-Esprit prouve-t-il la puissance du libre arbitre ? (361-362) Examinant différents passages du livre des Proverbes cités par Erasme, Luther observe et redit qu'ici encore tous ces impératifs prouvent la volonté de Dieu mais non la capacité de l'homme à l'accomplir. (364)

Il en vient à Jean15, 5 : ***Sans moi vous ne pouvez rien faire*** et à la transposition qu'en fait Erasme comme signifiant : « Sans moi vous ne pouvez rien faire de parfait ». Luther expose que rien c'est rien et qu'adopter l'interprétation d'Erasme c'est faire dire à cette parole « Sans lui nous pouvons faire un peu », soit donc l'inverse de sa signification. (365)

Le mot *rien* doit être gardé dans sa signification littérale, ainsi pour I Cor. 13,2 : ***Si je n'ai pas la charité je ne suis rien*** ou encore Jean 3,27 : ***Un homme ne peut rien s'attribuer qui ne lui soit donné par le ciel*** (et il défie Erasme de citer quelques passages de l'Écriture où *rien* soit pris dans le sens de « peu ». (371-375)

Il ajoute de même que *l'homme avant d'être créé ne fait rien pour devenir une créature, et une fois créé, ne fait rien pour le rester, l'une et l'autre choses se produisent uniquement par la volonté du Dieu très bon et très puissant... (379)*

Il conclut cette seconde partie en observant : si nous avons besoin de la grâce, si l'aide de la grâce nous est accordée, c'est parce que le libre arbitre ne peut rien par lui-même. Enfin, faisant excuse pour sa véhémence, il termine par cette observation montrant combien il est conscient du trouble que pourrait causer cette pourtant nécessaire affirmation du serf arbitre : *C'est pourquoi il faut aller jusqu'au bout, nier totalement le Libre Arbitre, rapporter tout à Dieu, c'est que les Écritures ne se contrediront pas et que les inconvénients, s'ils ne sont pas supprimés, seront supportés.* (383)

TROISIÈME PARTIE

Paul et Jean contre le libre arbitre :

Luther précise tout d'abord que cette démonstration a en réalité déjà été effectuée, par la réfutation qui précède, des arguments en faveur du libre arbitre proposés par la Diatribe. (387) Il annonce qu'il ne fera entrer en bataille, parmi toute sa *puissante armée* de textes bibliques, que deux chefs : Paul et Jean l'Evangéliste.

Il commence par Romain 1,18 en affirmant que lorsque Paul déclare *:* ***La colère de Dieu se révèle du ciel contre toute impiété et injustice des hommes, qui retiennent la vérité captive de l'injustice,*** l'expression *Toute impiété des hommes* équivaut à « l'impiété de tous les hommes » à cause de la structure hébraïque de la pensée de Paul et de la difficulté du passage du grec au latin, à preuve que Paul avait antérieurement précisé (1,6) : ***L'Évangile est une puissance de Dieu pour le salut de quiconque croit, du Juif premièrement, puis du Grec, c'est-à-dire tous les hommes même les réputés sages de l'Aréopage***. (388-389) Pour Paul donc les hommes sont impies, injustes, ignorants et loin de pouvoir faire le bien, c'est pourquoi l'annonce du salut est ***un Scandale pour les Juifs et une folie pour les Païens*** (I Cor. 1,23), ce qui n'excepte personne sauf les croyants. (392)

Il en vient à Romain 3,10-12 citant le Psaume 14 : ***Il n'y a point de juste, pas même un seul, nul n'est intelligent, nul ne cherche Dieu, tous sont égarés, tous sont pervertis, il n'en est aucun qui fasse le bien, pas même un seul*** et il met quiconque au défi de donner à cette assertion, serait-ce par quelques artifices que ce soit, une autre signification que son sens littéral. (394-396)

Faire, poursuit-il, une distinction entre le pouvoir et le faire serait vain puisque le propos du prophète englobe le pouvoir : Tous sont égarés et l'acte : Aucun ne fait le bien. Ceci est à nouveau affirmé en Rom. 9,13 : ***Afin que toutes bouches soient fermées et que tout le monde soit reconnu coupable devant Dieu. Car nul ne sera justifié devant lui par les œuvres de la loi***. Où est donc le Libre Arbitre, quels sont sa valeur, son pouvoir, alors que, comme Jérémie (23,29) le proclame encore : ***Tous se sont détournés, le monde entier est coupable, il n'y a pas un seul juste***. (399-402)

Il revient aux *œuvres de la loi* antérieurement évoquées (Romain 3,20) : ***Nul ne sera justifié devant Lui par les œuvres de la loi***. Il expose que, pourtant, ceux qui s'appliquaient à l'étude de la loi et à l'accomplissement des œuvres étaient les hommes les meilleurs et les plus éminents, et à la fantaisiste interprétation que donne Jérôme des œuvres de la loi comme étant la permanence des œuvres rituelles après la Résurrection, il oppose Augustin et demande « à quoi servirait une grâce qui nous libérerait seulement des œuvres rituelles qui sont les plus faciles de toutes et que la peur et l'égoïsme peuvent nous contraindre à accomplir ? »(403)

Ainsi Paul qui est lui-même le meilleur interprète de ses propres écrits ne fait pas de distinction entre les œuvres de la loi quand il dit (Gal. 3,10 citant Deut. 27,26) : ***Tous ceux qui s'attachent aux œuvres de la loi sont sous la malédiction car il est écrit : Maudit est quiconque qui n'observe pas tout ce qui est écrit dans le livre de la loi et ne le met pas en pratique***. Il expose que tant l'exhortation de Moïse que celle de Paul, pour être réalisées, exigent l'Esprit. Et il ajoute : *Tu vois ici que Paul, dans un passage où il plaide la même cause que dans l'épître aux Romains, et avec les mêmes mots, parle de toutes les lois écrites dans le livre de la loi chaque fois qu'il mentionne les œuvres de la loi.* (405-406)

Il reprend ensuite la signification qu'il faut donner au mot chair. Sans quitter Paul, il cite déjà Jean (3,2) : ***Tout ce qui n'est pas né de l'Esprit est chair*** et, revenant encore à Paul, Romain 3,20 : ***C'est par la loi que vient la connaissance du péché et non la justification*** et il enchaîne avec Gal. 3,19 : ***elle a été donnée*** (la loi) ***à cause des transgressions, jusqu'à ce que vînt la postérité à qui la promesse avait été faite,*** ceci à cause des transgressions, et non pas pour les empêcher comme le rêve Jérôme. (407)

Ainsi, les textes pauliniens sont, dit-il, autant de coups de foudre contre le Libre Arbitre. Il cite à nouveau Rom. 5,20 : ***Elle*** (la loi) ***a été donnée à cause des transgressions*** jusqu'à ce que vînt la postérité à laquelle il avait fait les promesses et encore Rom. 3,21 : ***La loi est intervenue pour que le péché abondât***, Rom. 3,21 : ***Mais maintenant, sans la loi, est manifestée la justice de Dieu, à laquelle rendent témoignage la loi et les prophètes, justice de Dieu par la foi en Jésus-Christ pour tous ceux qui croient en lui***. (410-411)

Il ajoute *: Et de plus, à supposer que j'accorde que le libre arbitre, par son propre effort, puisse être poussé en avant vers quelque chose – disons faire des œuvres bonnes, vers la justice de la loi civile morale – néanmoins, il n'est pas poussé en avant vers la justice de Dieu et les manifestations de son zèle ne sont à aucun égard jugées dignes par Dieu de sa justice à lui puisqu'il dit que c'est sans la loi que vaut sa justice. (412)*

Et pour terminer : *j'aimerais donc voir comment le libre arbitre peut subsister et être défendu face à cela.* (413)

Suit une explication linguistique concernant la Gloire de Dieu dans Rom. 3, 22-23, l'expression pouvant être prise dans un sens actif ou passif, il faut ici choisir, explique-t-il, selon les hébraïsmes fréquents dans le langage paulinien. Il précise : Nous prendrons donc gloire de Dieu non pas dans le sens latin mais dans le sens hébreu. La Gloire que l'homme a en Dieu et devant Dieu, ce que l'on pourrait appeler Gloire en Dieu et il ajoute, que selon Paul, ce sont donc bien les tenants du Libre Arbitre qui sont privés de cette gloire. (414-415)

Il reprend le débat sur la notion de mérite au regard de la question d'Erasme (III A 17). S'il n'y a pas de Libre Arbitre où y a-t-il place pour les mérites ? et répond avec Paul qu'il n'y a pas de mérite en effet, car tous ceux qui sont justifiés le sont gratuitement par la seule grâce de Dieu. Il en revient à la notion déjà évoquée de mérites de condigno, selon laquelle le mérite pourrait exister « sans être suffisant » pour acquérir la grâce. Il réplique que, voulant par cette nuance se démarquer du pélagianisme (qui attribue tout au mérite), Erasme se prend à son propre piège, car s'il y a petit mérite, il fait d'autant plus injure à la grâce en prétendant qu'elle pourrait être reçue au vil prix de ce petit mérite. Il ne peut y avoir de moyen terme entre les œuvres et la grâce. (417-418)

Il illustre son propos avec l'exemple qu'apporte Paul à propos d'Abraham : *Si Abraham,* dit-il*, a été justifié à partir des œuvres, il a la gloire... mais non auprès de Dieu* ! Que dit en effet l'Écriture ? *Abraham crut à Dieu, et cela lui a été imputé à justice. Observe, je te prie, ici aussi, la distinction que fait Paul en proclamant une double justice d'Abraham.* (421). Il insiste à nouveau sur la clarté du propos de Paul. (424 425)

Revenant à l'opposition entre Corps et Esprit, il évoque l'argument d'Erasme tiré de la thèse d'Origène sur la nature triple de l'homme : Esprit, Ame et Corps, et il déclare : *je connais bien, moi aussi, la fable d'Origène sur la triple impression que ressent l'homme : l'une étant appelée d'après lui la Chair, une autre l'Âme, une autre l'esprit, quant à l'âme, elle est le milieu pouvant se tourner vers l'un ou l'autre côté, celui de la chair ou celui de l'esprit ; mais ce sont là des songes : il dit cela, mais ne le prouve pas. Paul ici appelle chair, tout ce qui est sans esprit, comme nous l'avons montré. (428)*

Évoquant Rom. 10,20 qui cite un passage d'Esaïe (65,1) *:* ***J'ai été trouvé par ceux qui ne me cherchaient pas, je me suis manifesté à ceux qui ne me demandaient pas****,* il cite la carrière de Paul lui-même lorsqu'il s'appelait encore Saül, égaré dans son zèle, qu'il croyait juste, contre les Chrétiens. (429)

Il en vient au prologue de l'Évangile de Jean 1,5 *:* ***La lumière luit dans les ténèbres et les ténèbres ne l'ont pas reçue*** et fait état de très nombreuses oppositions que l'on trouve chez Jean, entre ce qui est *monde* soumis à la puissance du mal et ce qui est *esprit* ou *de l'esprit* : Jean 1,10 ; 15,19 ; 14,17 dans l'Évangile et encore I Jean 5,19 ; 9,16 ; 2,15… dans sa 1ère épître, et il conclut à nouveau que la volonté de l'homme est donc impuissante à lui faire connaître et accomplir le bien tant qu'il n'a pas reçu la lumière de l'Esprit, et cite la suite de ce prologue en Jean 1, 12 ***Mais à tous ceux qui l'ont reçue, à tous ceux qui croient en son nom, elle a donné le pouvoir de devenir enfants de Dieu, lesquels sont nés non du sang, ni de la volonté de la chair, ni de la volonté de l'homme, mais de Dieu****.* Il répète que ce don de l'Esprit est une grâce gratuite qui ne peut s'acquérir par Libre Arbitre. (431-433)

Suit une reprise de l'affirmation de la foi comme condition du Salut, seul Christ étant chemin, vérité et vie et il ajoute : *je voudrais avertir ici les défenseurs du libre arbitre afin qu'ils sachent bien ceci : ils nient le Christ en affirmant le libre arbitre*. (434) Il revient au personnage de Nicodème (Jean 3,1) décrit par le texte évangélique comme mû par d'excellentes dispositions en se rendant auprès de Jésus qu'il reconnaît comme ***Venu de Dieu*** et à qui Jésus révèle qu'il faut naître à nouveau, ce dont Nicodème ne s'était jamais avisé, malgré ses bonnes intentions et qu'il ne comprend toujours pas, disant ***Comment cela peut-il se faire*** *?* (436-437)

Puis il cite le Baptiste tel que relaté en Jean 3,27 : ***L'homme ne peut rien recevoir qui ne lui ait été donné du ciel***, et il précise : *Quant à nous, nous ne dissertons pas sur la nature mais sur la grâce. Non pas sur la qualité qui est la nôtre sur terre, mais sur la qualité qui est la nôtre au ciel, devant Dieu. Nous savons que l'homme a été établi Seigneur des êtres inférieurs à lui, sur lesquels il a le droit et le libre arbitre, de manière à ce qu'ils lui obéissent et fassent ce que lui-même veut et pense. Mais ce que nous demandons c'est si l'homme a le libre arbitre à l'égard de Dieu de manière que dieu obéisse et fasse ce que l'homme a voulu ; ou plutôt si Dieu a le libre arbitre sur l'homme de manière que celui-ci veuille et fasse ce que Dieu veut et qu'il ne puisse rien faire sinon ce que Dieu a voulu et a fait.* (442-443)

Il enchaîne avec Jean 6,44 : ***Nul ne vient à moi si mon Père ne l'a attiré*** et expose *: tous les Chrétiens... savent qu'il y a deux royaumes en ce monde, qui se combattent mutuellement au plus haut degré, que dans l'un règne Satan – et pour cela est appelé par le Christ lui-même « le prince du monde » et par Paul « le Dieu de ce siècle » qui tient captifs à sa volonté tous ceux qui ne lui ont pas été enlevés par l'esprit du Christ (selon le témoignage du même Paul) qui ne permet pas qu'on les lui ravisse par aucune force sinon par l'esprit de Dieu.*

Évoquant les deux royaumes et la lutte perpétuelle qu'ils se livrent, il précise *: si en effet Sa justice (celle de Dieu) était telle que la raison humaine la conçoit, elle ne serait pas divine et ne différerait en rien de la justice humaine.* (446)

Il observe ensuite qu'Erasme a *courageusement* évité d'aborder ce qu'il nomme son *véritable trait d'Achille…* à savoir Romain 7,14 et Galate 5,16 où Paul expose que chez les hommes saints et pieux, l'Esprit et la Chair se combattent si violemment qu'ils ne peuvent faire ce qu'ils veulent, et demande ***comment la nature humaine pourrait elle donc s'efforcer vers le bien chez ceux qui n'ont pas encore dépouillé le vieil homme et sont soumis à Satan ?*** (447)

Ayant précisé *: Maintenant que Dieu a enlevé mon salut pour le mettre hors de mon arbitrage, et qu'il l'a recueilli dans le sien, puisqu'il a promis de me sauver non par mon œuvre ou ma course mais par sa grâce et sa miséricorde, je suis sûr et certain qu'il est fidèle et ne me mentira pas et en outre qu'il est puissant et grand, si bien qu'aucun des démons, aucune des adversités ne pourront me briser ou m'arracher à lui (448),* il ajoute : *C'est ce que Paul exprime lorsqu'il s'écrie (Rom.11, 53) :* **Ô profondeur de la richesse, de la sagesse et de la science de Dieu ! Que ses jugements sont insondables et ses voies insondables.** Puis il explicite déjà sa conclusion en disant : *Dieu gouverne ce monde Corporel, dans les choses extérieures de telle façon que tu observes ou tu suis le jugement de la raison humaine, tu es obligé de dire ou bien que Dieu n'est pas, ou bien qu'il est inique.* (450)

Évoquant enfin le trouble que causèrent aux Prophètes eux-mêmes qui crurent en Dieu, ces voies incompréhensibles à travers Jérémie, Job, David, Asaph et d'autres, il déclare : *cette question est résolue brièvement en un mot : il y a après la vie présente une autre vie dans laquelle ce qui n'a pas été puni ou récompensé ici bas, sera puni ou récompensé car cette vie présente n'est que le signe avant-coureur, ou plutôt le commencement de la vie future.* (451)

Il évoque pour terminer les trois lumières, *nature grâce et gloire,* l'incompréhensibilité des deux premières étant résolue par la troisième. (452)

CONCLUSION

En cette brève conclusion, Luther expose qu'il pense avoir démontré que rien ne peut se produire que selon la volonté de Dieu : *la raison elle-même est forcée de le concéder ; et, du même coup, au témoignage de la raison précisément, il ne peut y avoir aucun libre arbitre dans l'homme ou dans l'Ange ou dans quelque autre créature.* Enfin, couvrant Erasme d'éloges pour tous ses éminents talents et services auxquels il reconnaît devoir beaucoup : son esprit, sa science, son éloquence, et le remerciant sincèrement d'avoir été l'un des seuls à affronter l'essentiel du sujet, il termine ainsi : *Que tu aies été à la hauteur de la cause dont nous débattions, cela, Dieu ne l'a pas encore voulu et ne te l'a pas octroyé. Je te demande de ne voir aucune arrogance dans cette déclaration. Je prie pour que bientôt le Seigneur te fasse, en cette matière supérieur à moi autant que dans toutes les autres.* (452-453)

Note de la Page 195 : En acceptant la discussion sur ce texte, Luther s'en remet au canon biblique tel qu'alors (et encore) validé par l'Église catholique romaine qui inclut les livres dits Deutérocanoniques (intégrés en second lieu) dont l'Ecclésiastique, intitulé Ben Sira ou Sirach en hébreu, fait partie avec Tobie, Judith, la Sagesse, l'Ecclésiastique, Maccabées, et des fragments de Daniel et Esther. Sirach a d'abord été connu selon une version grecque et on en a découvert différentes fractions et variantes en hébreu aux dix-neuvième et vingtième siècles. Certains milieux hébraïsants en contestent l'autorité. Les exégètes issus de la réforme ne retiennent pas les livres deutérocanoniques comme faisant partie de la Bible.

Le catéchisme catholique romain confère *à l'homme raisonnable... la maîtrise de ses actes* en faisant référence à Sirach 15,14. Le texte est ainsi interprété au paragraphe 1730 de son article 3 intitulé « La liberté de l'homme » : (*Dieu a) laissé l'homme à son propre conseil.* Le verset complet est traduit à l'inverse par Chouraqui : *Eloïm, en tête, a créé l'homme, il l'a placé en main de son ennemi, le donnant en main de son instinct.*

Une liste bibliographique pourrait être très copieuse, et même assez prétentieuse, si elle voulait couvrir les nombreuses études portant sur la problématique de la liberté.

Désignant les éditeurs des ouvrages dont nous faisons état, nous avons aussi regroupé, en repère alphabétique, les noms des auteurs cités dans le texte comme dans les notes en bas de pages. Le lecteur pourra s'y reporter s'il le souhaite.

LISTE ALPHABETIQUE DES AUTEURS CITÉS

G. Lagarrigue – Laplace – Lavoisier – Le Goff – J-L. Leuba – A. Loisy – P. Lombard

J. Madaule – A. Malet – G. Marcel – J. Maritain – K. Marx – Ph. Melanchton – M. Merleau-Ponty – P. Mesnard – J .B Metz – A. Meyer – M. Michelet – G. Miegge – C. Michon – Montanus – J. Muhlpfort

G. Ockham – Origène – Otto

B. Pascal – Panikkar – Pelage – A. Peperzak

P. Ricoeur – J-M Robinson

J-P. Sartre – F. Schleiermacher – J. Scott – J .S Semler – R. Simon – A. – Spinoza

Théophraste – Tertullien — A. Tholuck – Thomas d'Aquin – P. Tillich – A. Toynbee – Troeltsch

L. Valla – W. Vatke – J. Viclif

TABLE DES MATIERES

L'Harmattan Italia
Via Degli Artisti 15; 10124 Torino
harmattan.italia@gmail.com

L'Harmattan Hongrie
Könyvesbolt ; Kossuth L. u. 14-16
1053 Budapest

L'Harmattan Kinshasa
185, avenue Nyangwe
Commune de Lingwala
Kinshasa, R.D. Congo
(00243) 998697603 ou (00243) 999229662

L'Harmattan Congo
67, av. E. P. Lumumba
Bât. – Congo Pharmacie (Bib. Nat.)
BP2874 Brazzaville
harmattan.congo@yahoo.fr

L'Harmattan Guinée
Almamya Rue KA 028, en face
du restaurant Le Cèdre
OKB agency BP 3470 Conakry
(00224) 657 20 85 08 / 664 28 91 96
harmattanguinee@yahoo.fr

L'Harmattan Mali
Rue 73, Porte 536, Niamakoro,
Cité Unicef, Bamako
Tél. 00 (223) 20205724 / +(223) 76378082
poudiougopaul@yahoo.fr
pp.harmattan@gmail.com

L'Harmattan Cameroun
TSINGA/FECAFOOT
BP 11486 Yaoundé
699198028/675441949
harmattancam@yahoo.com

L'Harmattan Côte d'Ivoire
Résidence Karl / cité des arts
Abidjan-Cocody 03 BP 1588 Abidjan 03
(00225) 05 77 87 31
etien_nda@yahoo.fr

L'Harmattan Burkina
Penou Achille Some
Ouagadougou
(+226) 70 26 88 27

L'Harmattan Sénégal
10 VDN en face Mermoz, après le pont de Fann
BP 45034 Dakar Fann
33 825 98 58 / 33 860 9858
senharmattan@gmail.com / senlibraire@gmail.com
www.harmattansenegal.com